HISTOIRE UNIVERSELLE

A GRANDS TRAITS

Chaque exemplaire portera la signature de l'auteur.

MOUVEMENTS

PROGRESSIFS ET RÉTROGRADES

DES PEUPLES,

OU

L'HISTOIRE UNIVERSELLE

A GRANDS TRAITS.

OUVRAGE QUI POSE L'HISTOIRE SUR LES LOIS D'ÉQUILIBRE DE LA NATURE, EN PRÉSENTANT PAR GRANDES MASSES LE TABLEAU DES NATIONS SOUS LE POINT DE VUE COMBINÉ DE LA PHILOSOPHIE ET DE LA POLITIQUE.

PAR

J.-B. DE NIGRIS, AVOCAT ITALIEN.

> Il s'agit moins de connaître une foule de détails
> vulgaires, que d'approfondir un petit nombre
> de détails choisis; moins de charger la mé-
> moire, que d'éveiller l'esprit. La mémoire
> à elle seule n'est que le génie des sots.
>
> MALTE-BRUN.

PARIS.

A LA LIBRAIRIE UNIVERSELLE,

BOULEVARD DES ITALIENS.

1843.

ET

à tous les amis du progrès.

LE dix-septième siècle a été poétique; le dix-huitième, philosophique; le dix-neuvième est politique. L'ouvrage que j'ai l'honneur de vous présenter est en rapport avec les idées dominantes. Les leçons du passé enrichissent l'esprit et éclairent la raison. Veuillez agréer mon travail avec bienveillance. Sous votre égide, il peut obtenir le succès que je désire.

J.-Bh. de Nigris

*

PLAN DE L'OUVRAGE.

L'histoire des peuples ne doit reposer que sur
leurs mouvements politiques, qui ont augmenté
ou diminué la prospérité nationale. Suivre pas
à pas ces mouvements, c'est écrire complétement
leur vie, et c'est la mission que l'historien doit
remplir en faveur de la postérité. Peindre rapidement les situations successives d'un pays, marquant
seulement leur nature avec leurs causes et leurs
derniers résultats, c'est faire son portrait, que l'imagination peut embrasser d'un seul coup-d'œil. C'est
sous ce dernier point de vue que j'ai conçu le plan
de mon ouvrage, pour qu'il réponde au titre dont
il est revêtu. Les croisades, par exemple, qui ont
agité l'Europe et l'Asie pendant deux siècles, je
ne les considère que comme une seule opération,
une seule tendance sociale, qui dans ses motifs n'est
qu'une mesure du Vatican contre l'étendard du
Prophète, et dans ses effets un moyen d'amener

en Occident les lumières de l'Orient et d'affaiblir la puissance féodale qui s'immole sur la tombe de l'Homme-Dieu. Dans la guerre si fatale des Guelphes et des Gibelins, qui a mis l'Europe en feu pendant plusieurs siècles, je ne porte mes vues que sur l'élévation des Pontifes au-dessus des têtes couronnées, et sur la réaction de celles-ci pour défendre leur indépendance. Dans les guerres d'Espagne, dont nous sommes les contemporains, je n'envisage que deux situations sociales : dans la première, la nation résiste héroïquement à l'invasion étrangère, dans la seconde, sous l'influence de l'astre libéral qui brille sur toute l'Europe, elle obéit à l'impulsion générale, et elle brise tous les obstacles qu'elle trouve dans sa route. Parcourant ainsi la vie des peuples dans leurs différentes périodes, je supprime tous les faits de second ordre que chaque carrière nationale laisse dans son passage avant d'arriver à son terme. La description de ces faits nuirait à mon but; elle romprait la chaîne des grands événements et mettrait hors de vue leur système coordonné, ainsi que les lois d'équilibre auxquelles ils sont soumis. Chaque pays offre, dans ses phases d'élévation et de décadence, une échelle dont la gradation est subordonnée à la nature des peuples, ainsi qu'à leurs secrets liens qui échappent à la faible vue des mortels, et qui font de toutes les nations du globe un seul édifice social. C'est sur cette échelle que j'ai posé tout mon travail historique. Les faits trouvent leur enchaînement dans la marche simple de la nature. La mémoire les lie avec facilité, et la logique saisit aisément le fil qui enchaîne toutes les histoires particulières, et qui la conduit dans les cabinets des rois, où elle voit à découvert les secrets de la politique.

OBSERVATIONS

1° C'est vers le huitième siècle avant notre ère que l'aurore de l'histoire commence à paraître avec un certain degré de certitude. Dans les époques précédentes, la lumière est faible, incertaine, éclipsée par la fable. Notre revue ayant un but tout philosophique, elle doit reposer sur des faits positifs qui conduisent l'observateur d'un pas assuré du berceau au tombeau de chaque nation. Sous ce point de vue, je passe sous silence plusieurs peuples de l'antiquité, comme les Phéniciens, les Assyriens et d'autres, dont l'histoire est en grande partie mutilée, et je ne fais qu'effleurer les Egyptiens et les Hébreux.

2° C'est seulement pour donner un appui à la mémoire que j'ai attaché à chaque situation sociale le nom d'un grand personnage. Ordinairement ce sont ceux qui ont dirigé le mouvement dans toute sa durée ou en partie. Mais quelquefois j'ai été obligé de chercher hors de la nation un contemporain qui, par l'élévation de son génie ou par ses exploits, a donné le nom à son siècle.

3° La partie historique de la cour de Rome, qui s'enchaîne avec l'histoire de l'Europe et de l'Asie, n'offense point la dignité papale, les faits n'étant que purement personnels.

Quant à l'état actuel des nations, j'ai dit naïvement ce que j'en pense; j'ai poussé l'impartialité au point que, parlant de ma patrie, je l'ai appelée nulle, obscure et d'aucune importance politique. Par cet aveu franc et loyal, je n'ai fait que reconnaître une loi de la nature qui pèse également sur les hommes, sur les familles, sur les peuples, sur la création tout entière; rien n'est durable. Après les époques de prospérité doivent nécessairement suivre la décadence et le tombeau. Méconnaître cette loi, ce serait un sot orgueil démenti par le fait.

TABLEAU

DES

PEUPLES PASSÉS EN REVUE.

———<>———

Peuples anciens.	Peuples modernes.
—	—
ÉGYPTIENS.	FRANÇAIS.
HÉBREUX.	ALLEMANDS.
GRECS.	ESPAGNOLS.
CARTHAGINOIS.	MONARCHIE ANGLAISE.
ROMAINS.	MONARCHIE SCANDINAVE.
EMPIRE D'ORIENT.	POLONAIS.
MACÉDONIENS.	RUSSES.
PERSES.	TURCS.
PARTHES.	PRUSSIENS.

MOUVEMENTS

PROGRESSIFS ET RÉTROGRADES

DES PEUPLES.

ÉGYPTIENS.

ORIGINE. ÉPOQUE INCONNUE.

Les Égyptiens nous présentent dans leur berceau des colonies éthiopiennes qui fondent plusieurs villes dans la Haute et dans la Basse-Égypte. Les prêtres règnent d'abord au nom des divinités. Au gouvernement théocratique succède la monarchie.

25ᵉ SIÈCLE AVANT JÉSUS-CHRIST.

MÉNÈS,

PREMIER ROI CONNU.

PREMIER PAS VERS L'ÉLÉVATION.

Les contrées égyptiennes sont les premières à être éclairées par la lumière historique. Les nombreuses lacunes et l'incertitude des faits nous obligent de marcher à grands pas. Nous pouvons pourtant arrêter qu'à cette époque l'état social est en progrès. Le roi Ménès dessèche la Basse-Égypte et la rend habitable. *Joseph*, qui se présente un peu plus tard, prouve que

' la civilisation était, de son temps, avancée dans ce pays, et que l'organisation politique commençait à s'établir dans les différentes branches de l'administration.

21ᵉ SIÈCLE AVANT JÉSUS-CHRIST.

ROIS PASTEURS.

OBSTACLE AUX PROGRÈS.

Des hordes nomades parties de l'Orient inondent l'Égypte, et leurs chefs y règnent pendant plusieurs siècles sous le nom de rois pasteurs. Les Égyptiens finissent par s'affranchir de ce joug étranger, et les princes nationaux prennent la place des rois barbares.

17ᵉ SIÈCLE AVANT JÉSUS-CHRIST.

SÉSOSTRIS.

APOGÉE DE LA GLOIRE MILITAIRE ET DE LA PROSPÉRITÉ NATIONALE.

C'est l'époque où l'Égypte jette le plus vif éclat. La gloire militaire arrive à l'apogée. Sésostris porte ses armes victorieuses en Europe et en Asie. Après les exploits militaires qui enrichissent ses états, il se livre au bonheur national, et l'Égypte, florissante au dedans, redoutable au dehors, grave avec pompe le nom du héros sur ses superbes pyramides qui le trasmettent avec orgueil à la postérité la plus reculée.

DU 17ᵉ AU 6ᵉ SIÈCLE AVANT JÉSUS-CHRIST.

SUCCESSEURS DE SÉSOSTRIS.

DÉCADENCE ET CHUTE.

TOUTE cette époque est peu illustre. Au travers des ténèbres qui enveloppent les faits, on ne voit que désordres, cruautés, usurpations. Les princes sont peu remarquables, et les Éthiopiens, qui envahissent de nouveau l'Égypte, jettent dans cette malheureuse contrée une chaine d'infortunes qui n'a jamais été interrompue. Les Égyptiens n'ont fait depuis que passer par une suite successive de maitres, et ils ont disparu de la scène des nations.

CHAINE DES CONQUÉRANTS

QUI ONT SUCCESSIVEMENT ASSERVI L'ÉGYPTE

JUSQU'A NOS JOURS.

DU 6ᵉ SIÈCLE AU 4ᵉ SIÈCLE AVANT JÉSUS-CHRIST.

LES ROIS DE PERSE.

4ᵉ SIÈCLE AVANT JÉSUS-CHRIST.

ALEXANDRE,

ROI MACÉDONIEN.

DU 4ᵉ AU 1ᵉʳ SIÈCLE AVANT JÉSUS-CHRIST.

PTOLOMÉE,

GÉNÉRAL D'ALEXANDRE, ET SES SUCCESSEURS.

DU 1ᵉʳ SIÈCLE AVANT AU 5ᵉ APRÈS JÉSUS-CHRIST.

LES EMPEREURS ROMAINS.

DU 5ᵉ AU 6ᵉ SIÈCLE APRÈS JÉSUS-CHRIST.

GENSERIC,

ET D'AUTRES ROIS VANDALES.

DU 6ᵉ AU 7ᵉ SIÈCLE APRÈS JÉSUS-CHRIST.

LES EMPEREURS D'ORIENT.

DU 7ᵉ AU 12ᵉ SIÈCLE APRÈS JÉSUS-CHRIST.

OMAR,

PARENT DE MAHOMET, ET SES SUCCESSEURS.

DU 12ᵉ AU 13ᵉ SIÈCLE APRÈS JÉSUS-CHRIST.

LES ROIS DES TURCS.

DU 13ᵉ AU 16ᵉ SIÈCLE APRÈS JÉSUS-CHRIST.

LES MAMELUCKS,

OU ESCLAVES GUERRIERS.

DU 16ᵉ AU 19ᵉ SIÈCLE APRÈS JÉSUS-CHRIST.

LES EMPEREURS DES TURCS.

1798.

BONAPARTE.

1801.

EMPIRE TURC.

1845.

MOHAMET-ALI,

VICE-ROI.

HÉBREUX.

25ᵉ SIÈCLE AVANT JÉSUS-CHRIST.

ABRAHAM.

ORIGINE DES JUIFS.

QUELS souvenirs terribles et sublimes à la fois n'éveille pas en nous le nom de ce patriarche, que le Tout-Puissant appela de sa voix à être la tige de son peuple choisi ! Sept générations plus haut, nous rencontrons Noé dans son arche, le témoin oculaire de cette catastrophe qui inonda le globe et en détruisit les habitants. En descendant, nous trouvons les plus anciens hommes illustres qui nous ont laissé d'admirables modèles de législation, de poésie, d'éloquence : *Moïse*, *David*, *Salomon*, *Isaïe*, *Jérémie*, quels noms ! Mais ce qui honore le plus les descendants d'Abraham, l'événement le plus ravissant arrivé parmi eux, c'est la naissance de l'Homme-Dieu, qui, après avoir fondé le véritable culte, s'immole sur une croix du pied de laquelle partent douze législateurs à la voix sublime, pour changer la civilisation des peuples.

JOSEPH,

ARRIÈRE-PETIT-FILS D'ABRAHAM.

BERCEAU DES HÉBREUX.

Ce fut ce descendant du Patriarche qui transporta d'Asie
en Afrique le berceau du peuple hébreu. Vendu par ses onze
frères, Joseph fut emmené en Égypte. Sa profonde pénétration
attire les regards et lui fait franchir l'intervalle immense que
sa position sociale a mis entre lui et le trône. Il devient par
degré le ministre et le confident du Pharaon, et, de nul qu'il
était dans sa patrie, il couvre de sa protection un peuple entier, et voit bientôt sous ses ailes ceux mêmes qui l'avaient
proscrit.

MOÏSE.

PREMIER PAS VERS L'ÉLÉVATION.

Pendant quatre siècles les Hébreux se multiplient prodi-
gieusement dans la Basse-Égypte. Une jalousie s'élève de la
part des Égyptiens, qui, étant les plus forts, les réduisent en
esclavage, et exercent sur eux des cruautés et des violences
inouïes. Moïse reçoit la mission céleste de délivrer ses frères.
Armé du pouvoir des miracles, il se met à leur tête, et il en
devient le général, le législateur, le roi. Sous sa conduite les
Israélites se dirigent vers la patrie de leurs ancêtres où la
Terre-Promise les attendait. La mort enlève le confident du
Très-Haut au moment où il va prendre possession de ses états,

et le reste de sa carrière est confié à *Josué*, qui accomplit le décret de l'Éternel.

17ᵉ SIÈCLE AVANT JÉSUS-CHRIST.

JOSUÉ.

APOGÉE.

LE peuple hébreu touche au plus haut apogée où jamais nation soit arrivée. C'est l'époque des triomphes et des miracles. A la voix de Josué le soleil suspend sa course. Les remparts des villes s'écroulent. Quarante rois sont vaincus, et les hommes privilégiés vont jouir enfin paisiblement du royaume qui était depuis si long-temps l'objet de leurs vœux.

DU 16ᵉ AU 11ᵉ SIÈCLE AVANT JÉSUS-CHRIST.

GOUVERNEMENT THÉOCRATIQUE DES JUIFS.

OTHONIEL,   SAMUEL,

PREMIER JUGE.   DOUZIÈME ET DERNIER JUGE.

DÉCADENCE.

DANS cet intervalle le gouvernement est purement théocratique : la forme en est peu connue ; ce sont les juges qui commandent au nom de la Divinité ; mais la nation est malheureuse. Toujours en lutte avec ses voisins, tantôt elle triomphe, tantôt elle succombe, et elle souffre six fois le joug de l'esclavage.

DU 11ᵉ AU 10ᵉ SIÈCLE AVANT JÉSUS-CHRIST.

SALOMON.

LE PEUPLE D'ISRAEL EST SUR LE PENCHANT DE SA RUINE.

LA royauté remplace le gouvernement théocratique : *Saül*, *David*, *Salomon*, sont les rois qui se sont succédé jusqu'à présent. Sous le fils de ce dernier une révolution éclate, et les Hébreux se divisent en deux royaumes, l'un desquels prend le nom d'*Israël*, l'autre celui de *Juda*. *Samarie* et *Jérusalem* sont leurs capitales respectives. Cette division est un coup mortel pour les Juifs. Moins forts qu'auparavant, ils sont obligés de soutenir à la fois la guerre entre eux et avec les peuples voisins. Ils ne peuvent pas tenir à cette double lutte qui les énerve tous les jours, et leurs infortunes se multiplient jusqu'à les effacer de la liste des nations.

DU 10ᵉ AU 7ᵉ SIÈCLE AVANT JÉSUS-CHRIST.

SALMANASAR, NABUCHODONOSOR II,

ROIS D'ASSYRIE.

CHUTE DES DEUX ROYAUMES HÉBREUX.

PENDANT trois siècles et demi, les deux royaumes hébreux présentent le tableau le plus déchirant. Toujours les armes à la main, tantôt ils les dirigent contre les rois d'Égypte ou d'Assyrie; tantôt, s'élevant l'un contre l'autre, ils les baignent dans le sang de leurs frères. Ils finissent par succomber sous les coups répétés des Assyriens qui les pressent de toutes parts, les subjuguent et les emmènent en captivité. Le royaume d'Israël tombe le premier, après deux siècles et demi d'existence. Celui de Judas résiste encore cent ans. On voit dans tout l'intervalle Jérusalem assiégée plusieurs fois ; une famille royale entièrement massacrée ; le grand prophète Isaïe, l'Homère et le Démosthène des Hébreux, scié par le milieu du corps ; une héroïne qui, par un trait de courage inouï, sauve sa patrie, en tranchant la tête d'Holopherne, général assyrien ; un roi chargé de fers, emmené captif à Babylone avec toute sa nation.

DU 6ᵉ SIÈCLE AVANT AU 2ᵉ SIÈCLE APRÈS JÉSUS-CHRIST.

CYRUS,

ROI DE PERSE.

VESPASIEN, ADRIEN,

EMPEREURS ROMAINS.

LE PEUPLE HÉBREU REVIT ENCORE, MAIS UNE LONGUE AGONIE SE PRÉPARE.

Le conquérant Cyrus, celui qui fait trembler l'Asie au bruit de ses armes, couvre de sa faveur les malheureux Juifs, et leur permet de retourner dans leurs foyers. Ce reste d'existence n'est qu'une agonie prolongée. Sous l'égide des rois perses, les Hébreux obéissent aux lois des grands-prêtres pendant deux siècles, jusqu'à la mort d'*Alexandre*. Depuis cette époque, la Palestine est successivement envahie par les rois d'Égypte, de Syrie, et par les Romains enfin, dont les Juifs invoquent la protection. Sous ces derniers ils se révoltent plusieurs fois, et, sous les empereurs Vespasien et Adrien, ils sont massacrés, dispersés, anéantis, et la Judée est convertie en solitude.

GRECS.

COUP-D'OEIL GÉNÉRAL.

Nous voici dans la patrie des Muses et de la philosophie ; sur la terre de la liberté et des héros ; sur le champ de bataille où des millions de Perses furent jadis obligés de céder devant la stratégie des grands capitaines helléniques. Quels touchants souvenirs offre aux âmes nobles et généreuses ce sol si fertile en grands hommes qui ont donné le flambeau aux peuples des deux hémisphères ! Morcelée en une multitude de petites républiques, tantôt unies par un lien fédératif, tantôt isolées et en dissension entre elles, la Grèce n'a pu suivre d'un pas continu cette marche nationale de conquérants qui distingue les autres peuples, et dans laquelle elle aurait sans doute jeté un éclat supérieur aux Romains ; mais les lois d'équilibre lui avaient accordé la suprématie des sciences et des arts, et réservé aux phalanges du Tibre la conquête de l'univers. Trois fois elle se montre comme un seul peuple, et trois fois elle s'immortalise dans les annales historiques. La première fois elle attaque l'Asie, fait trembler les héros troyens dans leurs murs, et elle n'abandonne son entreprise qu'après avoir rasé la fameuse ville de Troie. La seconde fois, avec des prodiges de valeur et de talent militaire, elle repousse vigoureusement des armées innombrables de Perses que Darius et Xerxès font successivement marcher contre elle. La troisième fois, commandée par le génie du siècle, le grand Alexandre, elle attaque de nouveau l'Asie et la soumet à ses lois. Ce sont les trois moments qui fixent le caractère politique et guerrier de la Grèce et la placent au rang des premières nations. Hors de ces époques, on ne voit, dans ce beau pays que dissensions, infortunes, esclavage. En revanche elle offre, dans sa carrière intellectuelle, le plus haut degré de gloire ; gloire plus positive et plus durable que celle des armes. Avec les modèles scientifiques qu'elle laisse à tout le genre humain, elle vit à jamais au milieu des grandes nations, et, fière de les avoir éclairées, elle conserve pour toujours un droit à leur reconnaissance.

———

DU 20ᵉ AU 15ᵉ SIÈCLE AVANT JÉSUS-CHRIST.

ORIGINE DE LA NATION HELLÉNIQUE.

Nous franchirons d'un pas rapide l'intervalle de plusieurs siècles où la lumière historique, éclipsée par la fable, souvent nous abandonne. Dans ces âges reculés et incertains de la Grèce, jusqu'à la guerre de Troie (treize siècles avant Jésus-Christ), où l'œil politique peut commencer à s'arrêter, l'histoire nous transmet plusieurs faits dignes de fixer notre attention. Le premier qui se présente est le sénat de l'Aréopage, si célèbre par l'intégrité de ses jugements, et dont Démosthène parle d'une manière si flatteuse. On voit ensuite deux révolutions maritimes qui inondèrent le continent, et qui sont connues sous les noms de déluges d'Ogygès et de Deucalion, le premier, roi de Béotie, le second, de Thessalie : la fameuse législation du roi de Crète (Minos) qui forme l'admiration des savants et des jurisconsultes ; l'expédition des Argonautes, enfin, que les Grecs entreprirent sous un point de vue politique et commercial, et que la fable a voilée sous ses couleurs brillantes et animées.

GUERRE DE TROIE.

PREMIER MOUVEMENT MILITAIRE COURONNÉ DE LAURIERS.

PARIS,

PRINCE TROYEN.

HÉLÈNE,

PRINCESSE GRECQUE.

Les Grecs et les Troyens sont depuis long-temps deux peuples rivaux. Une circonstance d'honneur provoque la rupture. Le fils d'un roi troyen enlève l'épouse au roi de Sparte. Tous les princes de la Grèce sentent cet affront comme personnel, et la guerre est déclarée aux Troyens d'une voix unanime. Une foule de petits états, faibles et obscurs, font une étroite alliance, et les Hellènes deviennent tout à coup un peuple redoutable. Après dix ans d'un siége meurtrier, la victoire se décide contre les Asiatiques, et la superbe Troie est détruite.

DEPUIS LA GUERRE DE TROIE
JUSQU'A LICURGUE.

MOUVEMENT COLONIAL. CESSATION DE CARRIÈRE NATIONALE.

Pendant cet intervalle, la Grèce n'offre aucun aspect de nation. La confédération, qui, pendant la guerre, faisait toute sa force, est dissoute ; elle n'a plus d'unité ; elle est malheureuse, et les dissensions qui existent entre ses différentes villes ajoutent à ses infortunes. Cependant, au milieu de ce repos politique, elle présente une activité coloniale qui n'a pas d'exemple. La nation hellénique se répand dans tout l'univers connu. C'est une explosion que la nature semble faire à dessein pour communiquer à toutes les régions du globe la civilisation et les lumières d'un grand peuple.

DU 9ᵉ AU 6ᵉ SIÈCLE AVANT JÉSUS-CHRIST.

DEPUIS LICURGUE

JUSQU'AUX GUERRES PERSIQUES.

LES GRANDS LÉGISLATEURS JETTENT LES BASES DE LA GRANDEUR NATIONALE.

Un législateur par excellence, un patriote doué de la vertu la plus rare, ouvre, avec une lumière plus brillante et plus certaine, la seconde aurore de l'histoire des Grecs. C'est le grand et immortel Lycurgue, qui, dignement assis sur le trône de Sparte, dicte à son peuple un code de lois qui ne respire que le patriotisme, la vertu, l'esprit martial. Le sage Solon rivalise plus tard avec lui, et donne à Athènes une législation qui est le plus beau modèle de morale et de justice. L'influence de ces lois se fait sentir à tous les états helléniques groupés autour de Sparte, d'Athènes et de Thèbes, qui sont les républiques les plus imposantes, et la Grèce entière se prépare à cueillir à Salamine les lauriers de la victoire la plus éclatante.

5ᵉ SIÈCLE AVANT JÉSUS-CHRIST.

DARIUS,

ROI DE PERSE.

APOGÉE MILITAIRE.

ATHÈNES s'affranchit de ses rois. Son dernier monarque, fugitif, cherche un asile à la cour de Perse. Là, il met tout en œuvre pour allumer la guerre contre sa patrie, et une armée formidable marche d'Asie en Europe pour fondre sur le pays des Hellènes. L'approche de l'ennemi fait tout à coup cesser les rivalités qui divisent les nombreux états de la Grèce ; on ne vise qu'au salut général ; le cri de ralliement électrise tous les cœurs, et les Grecs qui, pour la seconde fois, se montrent à l'Asie en corps de nation, arrêtent à six lieues d'Athènes, sur les plaines de Marathon, le mouvement hardi de Darius, qui se réfugie sur sa flotte pour regagner ses rivages avec son armée.

5ᵉ SIÈCLE AVANT JÉSUS-CHRIST.

XERXÈS,

SUCCESSEUR DE DARIUS.

APOGÉE MILITAIRE.

LE successeur de Darius veut venger l'affront fait aux armées perses, et dispose une nouvelle attaque. Il emploie quatre ans à lever des troupes dans ses états, et il en rassemble une masse immense que l'histoire élève à environ deux millions ; il croit écraser ses ennemis par le poids de ses colonnes, et, or-

gueilleux de ses forces, il traverse l'Hellespont en rêvant la
victoire ; mais la journée de Salamine, si célèbre dans les souvenirs historiques, lui apprend combien la science militaire
d'un peuple civilisé est supérieure à la force physique que la
fureur seule conduit. Spectateur lui-même du combat qu'il
regardait d'une éminence, Xerxès fut heureux de trouver,
au milieu de la déroute, une barque pour se sauver dans ses
états.

4ᵉ SIÈCLE AVANT JÉSUS-CHRIST.

PHILIPPE ET ALEXANDRE PÈRE ET FILS,

ROIS DE MACÉDOINE.

CHUTE DES HELLÈNES.

Après ces triomphes, les Grecs continuent la guerre en Asie
avec succès ; mais bientôt des divisions intestines les séparent
de nouveau et les préparent à l'esclavage. Les deux républiques d'Athènes et de Sparte se disputent la suprématie sur
ious les états de la Grèce. Cette rivalité, fatale à la nation
entière, élève des factions, produit des guerres, et la terre
des braves est baignée du sang civil. Le père du héros macédonien se glisse adroitement dans les différends ; il corrompt
avec ses trésors les orateurs libéraux, et prépare à son fils
l'asservissement complet du pays hellénique. Philippe meurt,
et Démosthène tente un dernier effort en faveur de sa patrie.
Avec son éloquence fulminante il la dispose à porter les armes
contre Alexandre ; mais le guerrier tombe à l'improviste sur
Thèbes, la prend d'assaut, la rase, et, comme la tête de
Méduse, il glace d'effroi la Grèce entière, qui n'ose pas lutter
avec lui. Groupés sous le pavillon d'un prince digne de com-
mander un peuple de braves, les Hellènes se mesurent de

nouveau avec les Perses, et voient expirer sous leurs armes un empire qui, un siècle avant, était si redoutable.

DU 4e SIÈCLE AVANT AU 15e SIÈCLE APRÈS JÉSUS-CHRIST.

MORT D'ALEXANDRE.

UN RAYON FUGITIF DE LIBERTÉ REPARAIT.

ALEXANDRE finit sa carrière, et la Grèce respire encore un reste de liberté ; mais sa vie politique approche de son terme ; elle est à l'agonie. Déjà Rome lui prépare ses chaînes, et dans un siècle elle tombera sous les phalanges des Scipions. Elle suivra alors les destinées du grand peuple, et, jusqu'à la chute de l'empire d'Orient (quinze siècles après Jésus-Christ), elle servira sous ses drapeaux.

DU 15e AU 19e SIÈCLE APRES JÉSUS-CHRIST.

MAHMOUD II,

EMPEREUR DES TURCS.

LES GRECS S'AFFRANCHISSENT DE LA DOMINATION OTTOMANE.

OTHON,

FILS DU ROI DE BAVIÈRE.

APRÈS trois siècles d'esclavage, sous le joug humiliant des Turcs, la Grèce soulève enfin ses chaînes et se révolte contre ses oppresseurs. L'Europe, insensible aux généreux élans d'un peuple éclairé qui réclame ses droits , regarde avec indifférence le martyre qu'on lui prépare. Mais la philanthropie prend la place des froids calculs de la politique, et des secours en hommes et en argent sont envoyés en Grèce de toutes parts. Enfin le massacre et le ravage d'un pays qui allait être entièrement détruit attirent les regards de la France, de l'Angleterre et de la Russie, et ces trois puissances s'opposent à la tyrannie ottomane ; mais celle-ci ne connaît que le droit de la force, et les négociations deviennent infructueuses. Il fallut la célèbre journée de Navarin où la marine des trois nations détruisit la flotte turque, et la présence des troupes françaises qui força l'armée égyptienne à évacuer la Morée , pour mettre un terme aux calamités d'un pays qui a tant de droits à l'assistance de ses voisins, et qui maintenant vit en paix sous les sages lois d'un prince de Bavière.

CARTHAGINOIS.

DIDON,

PRINCESSE TYRIENNE, FONDATRICE.

La riche, la puissante Carthage, le modèle des républiques,
selon Aristote, parait et disparait de la face du globe en moins
de sept siècles. L'œil ne se fatigue pas à parcourir les différentes
phases de sa vie politique. Fondée par une colonie phénicienne,
elle s'élève graduellement par son industrie et par son commerce ; et l'étendue de ses possessions, ainsi que sa richesse
nationale, la rendent, au troisième siècle, la rivale de Rome.

ANNIBAL et SCIPION.

APOGÉE DE LA GLOIRE MILITAIRE, FRAPPÉE PAR L'INFORTUNE.

Les ruptures éclatent, et les deux républiques se mesurent
en trois guerres successives. Annibal s'immortalise par des
prodiges de valeur. Il forme le plan hardi d'attaquer l'ennemi
dans ses foyers, et il traverse un continent immense pour
réaliser son projet ; il lutte avec une constance inouïe contre
tous les obstacles des hommes et de la nature, et sa descente
des Alpes n'est qu'une suite de triomphes ; il élève l'étendard

de la victoire dans le cœur de l'Italie ; il pose son camp près du Capitole, et jette au milieu de Rome la consternation et l'épouvante ; mais ici la fortune s'arrête et abandonne le héros carthaginois. Par une heureuse diversion, Scipion fond sur Carthage, et Annibal est rappelé dans sa patrie effrayée. Les deux guerriers viennent aux prises, et les troupes du général romain ne sont que la moitié de celles de l'ennemi. Cependant son art militaire l'emporte sur le nombre des Africains, et sa victoire décide de la soumission de Carthage et de sa prochaine destruction.

ROMAINS.

13ᵉ SIÈCLE AVANT JÉSUS-CHRIST.

ÉNÉE.

ORIGINE MÊLÉE A LA FABLE.

Un grand guerrier échappé à l'embrasement de Troie cherche partout un asile avec ses compagnons. C'est Énée, que le poète de Mantoue a si héroïquement chanté. Avec une flotte de vingt vaisseaux il erre sur différentes mers, et il aborde tour à tour en Afrique, en Sicile, en Italie enfin, où ses destins l'attendaient. Là il trouve dans un roi latin un hôte digne de lui, et il continue sa carrière militaire sous ses drapeaux. Il se distingue par ses nombreux exploits; il tue de sa main, dans un combat singulier, un roi ennemi de son bienfaiteur, et il se rend digne de la main d'une princesse fille de ce dernier. C'est de ce héros que les Romains font descendre, au bout de quelques siècles, les fondateurs de Rome.

8ᵉ SIÈCLE AVANT JÉSUS-CHRIST.

ROMULUS.

FONDATION ACCOMPAGNÉE D'UN PAS VERS L'ÉLÉVATION.

Secondé par une poignée de vagabonds, le fondateur de l'ancienne capitale du monde élève des cabanes sur une colline déserte auprès du Tibre. Il couvre de son égide tous ceux qui sont frappés par la loi, et il groupe ainsi autour de lui un peuple assez considérable pour se garantir de toute attaque. Il enlève les épouses à un peuple voisin pour les donner au sien, et, heureux même dans le crime, cet acte de violence opère, après une guerre acharnée, la fusion des deux peuples, et donne plus de solidité à son état naissant. Enfin, pour poser son petit royaume sur une base de société régulière, il organise un sénat, il établit des rangs, il crée une noblesse, et par des lois sages il jette les fondements de la liberté et de la grandeur à venir des Romains.

○-░░░░░░-○

7e SIÈCLE AVANT JÉSUS-CHRIST.

TULLUS HOSTILIUS,

TROISIÈME ROI.

COMBAT DES HORACES ET DES CURIACES.

DEUXIÈME DEGRÉ D'ÉLÉVATION.

LE génie guerrier des Romains, en quelque sorte assoupi sous le pacifique successeur de Romulus, reçoit une impulsion nouvelle par son troisième roi. Une rivalité s'élève entre Rome et Albe, et la question est posée sur le terrain ; trois champions de part et d'autre doivent la vider ; le héros romain l'emporte ; il donne à l'univers la double preuve de sa valeur et de sa ruse militaire, et la fusion des deux peuples est le résultat du combat. La puissance de Rome s'augmente d'un nouveau degré.

7e SIÈCLE AVANT JÉSUS-CHRIST.

ANCUS MARTIUS,   TARQUIN-L'ANCIEN,

QUATRIÈME ROI.   CINQUIÈME ROI.

TROISIÈME DEGRÉ D'ÉLÉVATION.

LES armées du Tibre brillent avec assez d'éclat; cinq peuples voisins se mesurent tour à tour avec les Romains, et la victoire se déclare toujours pour ces derniers. Le territoire de Rome s'agrandit par les conquêtes, et son cinquième roi, qui réunit au génie martial les talents politiques, entoure la ville d'une muraille, l'embellit, et perfectionne toutes les branches de l'organisation sociale.

6e SIÈCLE AVANT JÉSUS-CHRIST.

SERVIUS TULLIUS,

FILS D'UN ESCLAVE, SIXIÈME ROI.

QUATRIÈME DEGRÉ D'ÉLÉVATION.

LES descendants d'Énée ont une grande mission à remplir dans la carrière des armes; celle de faire la conquête de l'univers; mais il ne peuvent pas assez déployer leurs forces et leur esprit belliqueux sous le régime royal qui les comprime; ils ne peuvent briller que sous l'astre de la liberté. Le peuple romain est maintenant jeune et plein de vie; le moment est à saisir; une liberté tardive pourrait trouver une nation énervée et incapable de grandes entreprises; la nature vient à son secours, et accélère l'époque de ses triomphes; elle élève sur le trône le fils d'un esclave, qui, guerrier et patriote à la fois, ajoute de nouveaux lauriers aux drapeaux militaires, et fonde par ses institutions libérales l'édifice de la république.

o-88888888-o

6e SIÈCLE AVANT JÉSUS-CHRIST.

TARQUIN-LE-SUPERBE.

ÉTAT DE VIOLENCE SOCIALE POUR ARRIVER A L'APOGÉE.

ROME gémit sous un monstre que la terre a vomi afin d'opérer promptement la crise dont la nation a besoin pour arriver à l'apogée. Tout est prêt à la révolte ; on n'attend que le signal. Bientôt l'éloquence d'un cœur ulcéré (Brutus) trouve mille bras prompts à venger le sang de l'épouse de Collatin que le fils du tyran a violée. Le peuple en fureur court aux armes ; les Tarquins sont chassés, la royauté est abolie, et deux consuls sont à la tête du gouvernement républicain.

o-88888888-c

DU 6e AU 1er SIÈCLE AVANT JÉSUS-CHRIST.

LES TROIS SCIPION.

ROME SOUS LA RÉPUBLIQUE.

APOGÉE DE LA GLOIRE MILITAIRE.

ROME est libre, et elle le sera pendant cinq siècles. Jouira-t-elle du bonheur national ? Non. Si elle est affranchie de la force comprimante du chef absolu qui la rendait malheureuse, elle ne peut pas échapper aux effets d'une autre loi sociale, celle qui résulte du froissement et du choc auxquels certaines nations sont soumises dans l'état de liberté. Sa vie sera orageuse. On voit d'abord une lutte entre la noblesse et le peuple opprimé, qui prend les armes et appelle la première sur le champ de bataille, à trois milles de la capitale. Ensuite une série continuelle de complots, d'intrigues, de guerres de citoyens à citoyens, ne présente que le spectacle déchirant d'un peuple toujours sans repos, toujours couvert de sang civil. En revanche les lois d'équilibre lui ouvrent un théâtre immense de gloire, de faste, d'éclat. L'aigle romaine devient la terreur de l'univers. Les phalanges du Tibre envahissent successivement presque toutes les régions de l'Europe et enveloppent dans leurs conquêtes un grand nombre de contrées africaines et asiatiques. La fameuse Carthage tombe malgré le génie d'Annibal. Tous les peuples obéissent aux lois du Capitole, et Rome, qui enchaîne les rois prisonniers à ses chars triomphaux, reçoit les hommages des pays les plus éloignés, dont les souverains lui demandent à la fois sa protection, et l'honneur d'être ses citoyens.

⁕⁕⁕⁕⁕⁕⁕

1er SIÈCLE AVANT JÉSUS-CHRIST.

CÉSAR, BRUTUS.

ANTOINE, OCTAVE, LÉPIDUS,

TRIUMVIRS.

CHUTE DE LA RÉPUBLIQUE.

La république expire sous les coups répétés de ses ennemis. La royauté, qui n'ose pas se montrer à découvert, se cache sous le manteau impérial et reparaît de nouveau sur l'horizon politique. César dictateur est salué empereur par les Romains. Brutus tente un dernier effort pour tirer la liberté du tombeau où elle se trouve ; il intrigue , il conspire , il poignarde le tyran. A la tête d'un parti il lève une armée , et livre bataille aux triumvirs qui tiennent les rênes du gouvernement. Il succombe, et la liberté perd en lui le dernier de ses défenseurs. Une nouvelle lutte s'engage parmi les trois chefs de l'état : chacun d'eux aspire à l'empire du monde ; le plus habile ou le plus heureux l'emportera. Quelques intrigues suffisent pour opérer la chute de Lépidus. Les deux compétiteurs en présence sont Octave et Antoine. D'immenses préparatifs de guerre se font de part et d'autre , et les deux guerriers se livrent la bataille navale la plus sanglante près d'Actium : la victoire se décide pour Octave , et Rome lui décerne les titres d'*auguste* , d'*empereur*, de *souverain pontife*, de *consul*, de *tribun*, de *censeur*, de *père de la patrie*.

✧

1er SIÈCLE DE L'ÈRE CHRÉTIENNE.

OCTAVE,

EMPEREUR.

NAISSANCE DE L'HOMME-DIEU,

DONT LES SUCCESSEURS OCCUPERONT LE TRÔNE DES CÉSARS.

APOGÉE DE LA GLOIRE MILITAIRE ET DE LA VRAIE
PROSPÉRITÉ NATIONALE.

APRÈS tant de siècles de vie orageuse, Rome enfin respire ; Elle jouit en repos du fruit de ses peines et de ses travaux. Octave, victorieux par terre et par mer, a glacé d'effroi toutes les nations, et les peuples les plus éloignés de l'Asie demandent son alliance. Il ferme le temple de Janus, et la carrière militaire du grand peuple est presque achevée ; mais les Romains n'ont pas encore joué dans l'univers tous les rôles qui leur sont réservés ; de nouveaux destins se préparent de loin pour prolonger leur vie politique. Déjà Bethléem reçoit dans son enceinte l'enfant divin, dont les vicaires seront plus tard les successeurs des Césars.

1er SIÈCLE DE L'ÈRE CHRÉTIENNE.

GERMAINS.

PREMIER SYMPTOME DE DÉCADENCE.

Les beaux jours dont Rome jouit sous son premier empereur sont troublés par une défaite que trois légions romaines éprouvent en Germanie.

1er SIÈCLE DE L'ÈRE CHRÉTIENNE.

NÉRON.

L'EMPIRE ROMAIN FAIT UN GRAND PAS VERS SA DÉCADENCE.

L'EMPIRE CHRÉTIEN PREND RACINE ET CROÎT DANS LE SANG DES MARTYRS.

Après la mort d'Octave, Rome ne compte que des tyrans. Et Néron, qui porte sa fureur sanguinaire au plus haut degré, laisse après lui un germe d'infortune, un principe de dissolution qui, toujours croissant, finit par placer l'état dans la situation la plus violente, l'anarchie militaire. La dignité impériale cesse d'être héréditaire dans la famille d'Auguste.

Elle devient élective, et l'élection passe aux légions. Les soldats seront plus tard les maîtres du pouvoir. — Mais tandis que Néron porte le premier coup de mort à l'empire romain, il fournit à son insu le premier élément de vie à l'empire chrétien, à ce vaste et nouveau royaume qui doit couvrir un jour les deux hémisphères, et dont Rome sera la capitale. Le sang des martyrs, qu'il fait, le premier, couler sur le terrain, ne sert qu'à féconder de plus en plus l'arbre qu'il veut déraciner. Et ainsi du haut du trône impérial nous voyons, dans la progression inverse des deux puissances, l'abaissement de l'une, l'élévation de l'autre. Et voilà comme les lois de la nature, qui règlent les destins des hommes et des nations, se montrent, dans leur marche, toujours parallèles, toujours en équilibre.

○—░░░░░░░—○

2e SIÈCLE APRÈS JÉSUS-CHRIST.

LES DEUX ANTONIN.

ÉPOQUE STATIONNAIRE.

ROME respire un peu. Les tyrans sont remplacés par les princes les plus vertueux, et Trajan, qui conduit les légions romaines au-delà du Tigre, renouvelle les époques des conquêtes et des lauriers; mais ce n'est qu'un éclat fugitif, une pose que la nature fait dans son déclin; car elle n'agit jamais que par degrés dans ses opérations. Avec les deux Antonin finissent pour la seconde fois les beaux temps de l'empire romain.

○—░░░░░░░—○

AURÉLIEN ᴇᴛ DIOCLÉTIEN,

EMPEREURS ROMAINS.

L'EMPIRE ROMAIN EST SUR LE PENCHANT DE SA RUINE.

L'EMPIRE CHRÉTIEN SE CONSOLIDE DE PLUS EN PLUS AU TRAVERS DES PERSÉCUTIONS.

Lᴇꜱ soldats disposent des destins de l'état. Ils créent et massacrent les empereurs à leur gré, et plus de cinquante princes sont par eux élevés et précipités du trône. Les guerres civiles sont le résultat immédiat de ce désordre; l'invasion étrangère en est une conséquence secondaire. Les Germains, ainsi que d'autres nations barbares, profitent de ces troubles et font des excursions plus fréquentes sur les terres de l'empire. Les Romains, amollis par le luxe et par les vices, n'opposent plus qu'une faible résistance, et ils cèdent peu à peu aux attaques vigoureuses de peuples neufs et pleins de vie.

CONSTANTIN.

L'EMPIRE ROMAIN REÇOIT UN COUP MORTEL.

L'EMPIRE CHRÉTIEN TRIOMPHE DE TOUS LES OBSTACLES, ET SE PLACE SUR LE TRÔNE.

Tᴀɴᴅɪꜱ que le char de l'état est sur le penchant de sa ruine, Constantin en accélère la chute par ses mesures impolitiques. Il transporte à Constantinople son siége impérial : les riches et les nobles le suivent avec leurs esclaves; et ainsi Rome, avec toute la partie occidentale de l'empire, reste plus exposée aux assauts des Barbares. Il affermit en même temps le trône naissant de l'Église, et, le protégeant de toutes ses forces, il s'oppose aux persécutions qui ont déchiré les chrétiens pendant trois siècles; il se fait chrétien lui-même, et le christianisme est, par ses ordres, la religion dominante de l'état. — Ainsi, à son insu, cet empereur travaille pour que le trône des Césars soit tour à tour occupé par les Barbares et par les successeurs des martyrs.

⚬⚬⚬⚬⚬⚬

5e SIÈCLE APRÈS JÉSUS-CHRIST.

ODOACRE,

ROI BARBARE.

ROMULUS AUGUSTULUS,

DERNIER EMPEREUR ROMAIN.

CHUTE DE LA PARTIE OCCIDENTALE DE L'EMPIRE.

Les Barbares tombent en masse sur toute l'Europe civilisée. Les légions romaines, rappelées de toutes parts vers le centre de l'empire, sont obligées de leur abandonner successivement l'Espagne, la Gaule, la Bretagne, l'Afrique et même le nord de l'Italie : rien ne résiste au torrent qui déborde, et Rome elle-même est prise, pillée, incendiée. Ainsi elle périt avec tous ses états d'Occident, où la nature fait confondre une barbarie brutale et féroce avec une civilisation énervée et caduque qu'elle veut renouveler.

Nota. La partie orientale seule survit à la catastrophe. Constantinople en est la capitale.

DU 5ᵉ AU 6ᵉ SIÈCLE APRÈS JÉSUS-CHRIST.

BÉLISAIRE ET NARSÈS,

GÉNÉRAUX D'ORIENT.

ROME se voit commandée pendant un siècle par des rois barbares, qui n'abandonnent leur conquête que devant le génie militaire des grands capitaines d'Orient, où un débris du grand peuple survit encore à la catastrophe.

8ᵉ SIÈCLE APRÈS JÉSUS-CHRIST.

CHARLEMAGNE,   LÉON III,

EMPEREUR.   PAPE.

LA PAPAUTÉ FAIT UN GRAND PAS VERS SON ÉLÉVATION.

UN reste de liberté agite encore le cœur des Romains. Ils veulent s'affranchir de leurs chefs orientaux ; ils conspirent, ils se révoltent, ils se constituent en état libre. Appuyés par le nord de l'Italie, ils se soutiennent pendant quelque temps ; mais une nouvelle classe de souverains se prépare à poser son sceptre sur le Capitole. Les successeurs de saint Pierre ont fait de grands pas dans l'influence spirituelle, et ils luttent avec les peuples pour s'emparer du temporel. Dans le combat, la papauté est près de succomber, et la position de Léon III est des plus violentes, lorsqu'un grand guerrier vient à son secours, CHARLEMAGNE. Le patrice français invoque le pouvoir spirituel du pontife pour faire sanctionner sa couronne impériale, et ce dernier réclame son bras puissant pour l'opposer à ses oppresseurs. Charles descend en Italie avec une armée imposante, et tout se tait devant lui. Le pape place sur sa tête la couronne d'empereur, et le nouveau César lui donne en récompense Rome avec ses provinces. Ainsi les deux pouvoirs se couvrent mutuellement de leurs égides, font une étroite alliance, et le chef de l'Église est salué à la fois comme le général des chrétiens et le souverain absolu des états romains.

DU 11ᵉ AU 13ᵉ SIÈCLE APRÈS JÉSUS-CHRIST.

GRÉGOIRE VII, INNOCENT III.

APOGÉE DES PAPES.

APRÈS avoir achevé l'édifice de la monarchie spirituelle, les papes s'arrogent le pouvoir de créer et de détrôner les monarques ; et au milieu des nations effrayées, lançant des anathèmes contre les princes rebelles, ils les dépouillent de leurs états, déliant les peuples du serment d'obéissance. Les souverains frémissent, des partis s'élèvent, et l'Europe est en feu.

DU 11ᵉ AU 13ᵉ SIÈCLE APRÈS JÉSUS-CHRIST.

MAHOMET.

PREMIER SYMPTOME DE DÉCADENCE.

L'ÉTENDARD du prophète menace d'envahir l'Europe. Le Vatican consterné a recours aux croisades pour opposer une digue au torrent, en établissant un corps de chrétiens en Orient. Le contact de l'Europe barbare avec l'Asie civilisée fait refluer vers l'Occident les lumières des littératures grecques et arabes qui serviront bientôt à la marche du progrès.

BONIFACE VIII,   PHILIPPE-LE-BEL,

PAPE.   ROI DE FRANCE.

LA FRANCE DONNE, LA PREMIÈRE EN EUROPE, UNE PREUVE DE SES LUMIÈRES ET DE SES PROGRÈS.

GRANDE DÉCADENCE DU POUVOIR DES PAPES.

BONIFACE est la première victime du système papal. Sans connaître le siècle où il vit, il marche aveuglément sur les traces de ses prédécesseurs, et il proclame hautement que la puissance des têtes couronnées n'est que l'émanation du pouvoir pontifical. Fidèle à ce principe, il défend à Philippe-le-Bel de lever des impôts sur le clergé, lui déclarant d'une manière formelle que le roi de France est soumis au pape tant au temporel qu'au spirituel. Le prince français repousse cette déclaration avec un profond mépris. La bulle d'excommunication qui survient est brûlée publiquement, et les états assemblés par Philippe se déclarent contre les prétentions de la papauté. Boniface est ensuite soumis à un procès, et livré aux Français dont il est prisonnier. Après cet exemple, presque tous les princes proclamèrent leur indépendance à l'égard du pouvoir spirituel.

16ᵉ SIÈCLE APRÈS JÉSUS-CHRIST.

LUTHER et CALVIN.

LES TROIS QUARTS DU MONDE CHRÉTIEN ÉCHAPPENT A LA DOMINATION PAPALE.

Le mouvement des croisades a apporté le premier flambeau scientifique dans les ténèbres de l'Europe occidentale. La prise de Constantinople par les Turcs nous a enrichis des savants fugitifs de la Grèce qui cherchaient un asile. La littérature a déjà vu reparaître sa brillante aurore, et les intelligences ont commencé leur travail. Le progrès fait sentir à l'esprit humain le besoin de liberté et d'indépendance à l'égard du pouvoir absolu dans l'ordre spirituel, et la pensée veut s'affranchir de cette puissance coërcitive qui la comprime. C'est dans ce moment que la nature élève LUTHER et CALVIN, qui, attaquant dans leur base les prétentions des papes, font rétrograder ceux-ci à grands pas. Ces deux innovateurs trouvent une civilisation en rapport avec leur esprit de réforme, et les princes, qui ont été si long-temps le jouet du sceptre ecclésiastiques, ont le cœur trop ulcéré pour ne pas les protéger. Ils écrivent, ils prêchent, ils convertissent les provinces et les royaumes, et bientôt tout le nord de l'Europe méconnaît complétement l'autorité papale.

LOUIS XIV, COLBERT, BOSSUET.

SÉPARATION DE L'ÉGLISE DE FRANCE DE CELLE DE ROME.

La France convoque un concile national qui établit les quatre articles suivants, rédigés par Bossuet :

1. *Le pape n'a aucune autorité sur le temporel des rois.*

2. *Le concile est au-dessus du pape.*

3. *La puissance apostolique ne doit pas porter atteinte aux libertés de l'Église gallicane.*

4. *Les décisions du pape ne sont irrévocables qu'après que l'Église les a confirmées.*

<hr>

18ᵉ ET 19ᵉ SIÈCLE APRÈS JÉSUS-CHRIST.

VOLTAIRE, ROUSSEAU, VOLNEY, DUPUIS,

NAPOLÉON.

LA PAPAUTÉ EST EN ÉTAT DE VIOLENCE, MAIS SOUS L'ÉGIDE DE PLUSIEURS PRINCES.

L'idéologie et la métaphysique en général sont à leur plus haut apogée. La France donne à l'Europe les plus grands écrivains, les plus profonds philosophes. Les croyances sont attaquées, ébranlées, et l'influence papale est affaiblie dans tout le midi de l'Europe. Depuis un demi-siècle deux papes ont été prisonniers de la cour de France ; les états de l'Église ont été une fois ravagés ; la forme du gouvernement a été détruite, et un rayon de république, quoique fugitif, a brillé encore sur

les descendants de Brutus. La papauté a été rétablie ensuite,
mais sa puissance est menacée dans le sein même de sa capitale, où une révolution de libéraux a naguère éclaté. Dans
cet état de violence, elle se trouve pourtant placée maintenant
sous l'égide de plusieurs princes qui s'efforcent de la relever.

OBSERVATION.

Quant aux autres pays de l'Italie, ils ont subi le même sort
que toutes les grandes nations, lorsque leur unité a été rompue. L'empire d'Occident ayant successivement passé de la
France à l'Allemagne, ils ont été tour à tour la proie de ces
deux voisins. Et ainsi, la patrie du génie, la terre de la liberté et des héros, après avoir été ensanglantée par les Barbares, après avoir été le théâtre de tant de guerres civiles,
morcelée en plusieurs gouvernements séparés, n'a jamais
pu opposer une résistance proportionnée à l'attaque. Jouet,
pour ainsi dire, des hautes puissances, elle n'a fait que passer
par une suite successive de maîtres, et elle a disparu de la scène
politique.

Je ne puis pas entrer dans les vicissitudes particulières de
chaque débris du grand peuple qui forme un état isolé, sans
altérer les proportions d'un ouvrage dont la nature ne permet
pas de rapprocher des grandes nations les petits peuples
obscurs et qui n'ont aucune importance politique.

EMPIRE D'ORIENT,

APPELÉ AUSSI

BAS-EMPIRE, OU EMPIRE GREC.

CONSTANTINOPLE EN EST LA CAPITALE.

COUP-D'OEIL GÉNÉRAL.

L'EMPIRE romain d'Orient ne peut pas nous présenter, comme les autres peuples, les mêmes lois dans le cours de ses vicissitudes ; car, le moment de sa nouvelle existence n'est pas celui de son berceau, mais de son âge avancé ; il n'est, à cette époque, que le membre d'un colosse écroulé, et il a déjà jeté son éclat lorsque sa vie était attachée à celle du géant qui a péri. Le reste de sa carrière n'offre que désordre et dissolution ; car il ne peut nullement échapper à l'influence des causes qui ont si puissamment agi sur l'Occident dont il faisait partie. Le même torrent doit l'emporter.

Débris d'un immense empire, il est encore imposant par sa grandeur, et dix siècles de rôle politique lui sont encore réservés. Digne héritier d'un peuple immortel, il fera encore, dans son agonie, trembler ses ennemis. Il sortira de son sein des Scipions nouveaux qui vengeront sur les Barbares la mort de leurs frères, et reprendront de leurs mains un sceptre qu'ils n'ont arraché aux descendants des Césars que par la grandeur démesurée d'un empire qui touchait aux limites de l'univers.

6ᵉ SIÈCLE APRÈS JÉSUS-CHRIST.

JUSTINIEN.

RÈGNE DE GLOIRE, DE FAUTES ET DE MALHEURS.

Les généraux de ce prince relèvent l'honneur des armes romaines, et font reparaître les beaux jours des Scipions. Mais l'infortune frappe l'état de tous côtés. Les fréquentes attaques des Barbares coûtent, chaque année, 100,000 hommes à la nation. L'intérieur manque d'unité, et ne présente que des commotions continuelles. La peste couvre l'empire d'un deuil funèbre. La terre tremble, et, avec ses secousses répétées à de courts intervalles pendant presque un siècle, répand l'effroi et la destruction. Il semble que la nature se déchaîne pour accélérer la disparition d'un peuple de la scène des nations. Au milieu de cette catastrophe, Justinien élève un monument éternel à la jurisprudence, par un recueil de lois qui renferme l'immense dépôt de la sagesse des âges précédents.

7ᵉ SIÈCLE APRÈS JÉSUS-CHRIST.

HÉRACLIUS.

NOUVEAUX TRIOMPHES.

Les armes romaines continuent à être victorieuses. Ce prince porte la guerre en Asie, bat le roi de Perse Chosroës, et lui enlève plusieurs villes. Mais on voit déjà sur l'horizon l'astre ennemi qui doit plus tard porter la mort à l'empire d'Orient : c'est l'étendard du Prophète.

IRÈNE.

PREMIÈRE DÉCADENCE.

Miné au dedans par mille principes de destruction, attaqué au dehors par des ennemis bien supérieurs, le trône d'Orient chancelle. La princesse Irène, mélange bizarre de crimes et de vertus, le soutient par ses rares talents.

9ᵉ SIÈCLE APRÈS JÉSUS-CHRIST.

MICHEL-LE-BÈGUE.

DEUXIÈME DÉCADENCE.

L'empire d'Orient marche à grands pas vers sa dissolution. Les symptômes de faiblesse les plus marquants se manifestent. Tantôt il implore le secours des Français, tantôt il se laisse faire la loi par les Sarrasins à qui il paie un tribut.

11ᵉ SIÈCLE APRÈS JÉSUS-CHRIST.

ALEXIS COMNÈNE.

TROISIÈME DÉCADENCE.

L'empire d'Orient reçoit de nouvelles secousses. Les papes visent à y établir un corps de chrétiens, et les croisés sillonnent le pays dans tous les sens. La main habile du chef soutient le char de l'état sur le penchant de sa ruine.

13ᵉ SIÈCLE APRÈS JÉSUS-CHRIST.

INNOCENT III,

PAPE.

BONIFACE,

MARQUIS ITALIEN.

PREMIÈRE CHUTE DE L'EMPIRE D'ORIENT.

Le Bas-Empire s'écroule sous les coups répétés des armes saintes. La plus grande partie de ses provinces tombe dans les mains des chefs des croisades, qui les partagent entre eux. Au milieu de la catastrophe, les débris qui échappent aux conquérants présentent encore un petit empire d'Orient dont Trébisonde en Asie est la capitale.

13ᵉ SIÈCLE APRÈS JÉSUS-CHRIST.

MICHEL PALÉOLOGUE,

PRINCE GREC.

LE BAS-EMPIRE JETTE ENCORE UNE ÉTINCELLE DE VIE.

Ce prince fait revivre l'empire grec. Il enlève à son tour aux généraux chrétiens le sceptre usurpé, et fonde de nouveau à Constantinople le siége du Bas-Empire. Trébisonde continue à former un gouvernement séparé.

MAHOMET II.

CHUTE DÉFINITIVE.

L'ÉTENDARD du Prophète flotte tour à tour sur les murs de Constantinople et de Trébisonde, et l'empire d'Orient disparaît à jamais. Les savants de la Grèce cherchent un asile en Occident, et portent, au milieu des ténèbres de la barbarie, les lumières scientifiques qui produiront plus tard une révolution politique et religieuse ; et ainsi Rome, cette reine de l'univers, grande, même dans l'abîme où elle se trouve, tire de ses dernières ruines les armes les plus puissantes pour aider ses fils à briser les chaînes dont ses tyrans les ont cruellement accablés

MACÉDONIENS.

DU 8ᵉ AU 4ᵉ SIÈCLE AVANT JÉSUS-CHRIST.

CARANUS,

FONDATEUR.

UNE seule fois pendant vingt-sept siècles, la Macédoine se montre sur la liste des nations, et son éclat ne dure qu'environ deux lustres, l'époque du règne de l'immortel Alexandre; mais cet éclat est si vif, et la grandeur macédonienne touche, sous la puissance du héros, à un si haut apogée, que l'histoire de ce peuple s'enchaîne à celle de plusieurs nations africaines et asiatiques. — Fondée par une colonie grecque, sous la conduite. de Caranus, elle a été plongée dans l'obscurité pendant quatre siècles. Tout à coup la nature élève deux hommes illustres qui lui font jouer le plus grand rôle dans l'univers. — L'un, premier politique, commence l'édifice de la grandeur nationale; l'autre l'achève par le pouvoir de ses armes. PHILIPPE et ALEXANDRE sont les deux génies à qui la Macédoine doit cette époque de fastes et de trophées que l'histoire accorde avec tant d'honneur à ces redoutables phalanges qui étaient la terreur de tous les peuples.

PHILIPPE ET ALEXANDRE PÈRE ET FILS.

APOGÉE.

AGITÉS par les désordres politiques, corrompus dans leurs mœurs, les Grecs méridionaux ont achevé leur carrière; c'est aux Grecs du nord à commencer la leur. Philippe vise à la conquête du pays hellénique. Les dissensions qui divisent ses différentes républiques favorisent ses desseins; mais il a de grands ennemis à combattre; ce sont les premiers orateurs de la Grèce, dont l'éloquence, animée par le patriotisme le plus zélé, électrise tous les esprits. Il emploie ses trésors pour acheter ces défenseurs de la patrie, et ses intrigues, réunies au pouvoir de ses armes, soumettent à ses lois une partie du pays qu'il convoite. Alexandre lui succède; ce héros ne respire que la guerre, et il commande un peuple qui est en rapport avec son génie belliqueux; un peuple neuf et courageux que la civilisation n'a pas encore amolli. Doué d'un esprit vaste, plein d'activité et de hardiesse, le nouveau roi se propose de conquérir l'univers. Il fond d'abord sur le pays des Hellènes comme un aigle sur sa proie, et son vol rapide n'est aperçu par l'ennemi qu'à la lueur des flammes de Thèbes qu'il prend d'assaut et incendie. Ce trait seul lui suffit pour que la Grèce entière, étonnée et tremblante, fléchisse devant ses armes. Devenu plus puissant, le guerrier macédonien conduit successivement ses troupes victorieuses en Afrique et en Asie, où il soumet un grand nombre de contrées; il détruit l'empire perse, et il s'avance jusqu'aux Indes en conquérant. Mais bientôt la mort l'enlève aux nations et jette le deuil dans l'univers; les peuples restent sans maîtres! Ses généraux se divisent l'empire et se livrent des batailles dans leurs partages. La centralisation cesse encore une fois: il n'y a que désunion, inlérèts privés, luttes sanglantes. La Grèce, la Macédoine, l'Asie, ont finit leur rôle; c'est Rome qui va commencer le sien. Depuis long-temps elle a brisé le sceptre de ses tyrans pour donner un libre élan à ses efforts nationaux, et déjà ses armes commencent à briller sur le territoire de ses voisins qu'elle a conquis. En moins de deux siècles la Macédoine et la Grèce entière seront enveloppées dans les conquêtes de son immense empire.

2ᵉ SIÈCLE AVANT JÉSUS-CHRIST.

PAUL-ÉMILE,

CONSUL ROMAIN.

CHUTE.

L'AIGLE romaine a déjà déployé son vol sublime, et menace d'envahir toutes les régions connues. La superbe Carthage a déjà fléchi sous les armes du grand peuple, et l'issue de la troisième guerre punique, qui doit la détruire, n'est pas éloignée. Une partie de la Grèce est asservie par les Romains, et la Macédoine, près de succomber devant le consul du Capitole, n'a plus qu'un reste d'existence qu'elle a imploré du vainqueur. Bientôt elle ose se mesurer encore avec lui, et cette nouvelle guerre, téméraire et impolitique, coûte à la Macédoine son esclavage définitif, et à son roi la honte d'être enchaîné au char triomphal de PAUL-EMILE.

PAUL-ÉMILE,

CONSUL ROMAIN.

MAHOMET II,

EMPEREUR TURC.

La Macédoine fait partie de l'empire d'Orient, et suit la destinée des Romains pendant dix-sept siècles; après cette époque, elle passe sous la domination des Turcs, où elle gémit encore.

PERSES.

ORIGINE : ÉLAM,

PETIT-FILS DE NOÉ.

⚬—⟊⟊⟊⟊⟊—⚬

25ᶜ SIÈCLE AVANT JÉSUS-CHRIST.

ABRAHAM.

PREMIÈRE ÉLÉVATION.

Lᴀ Perse est en état de lutter avec ses voisins. Un de ses rois envahit la Palestine, livre au pillage Sodome, et fait prisonnier le neveu du patriarche (Loth).

⚬—⟊⟊⟊⟊⟊⟊—⚬

6ᵉ SIÈCLE AVANT JÉSUS-CHRIST.

CYRUS ᴇᴛ CAMBISE ꜰɪʟꜱ,

FAMEUX CONQUÉRANTS.

APOGÉE DES PERSES.

Lᴀ Perse sort tout à coup de sa longue obscurité, et, par ses grandes conquêtes, elle se place sur le premier trône de l'univers.

3ᵉ SIÈCLE AVANT JÉSUS-CHRIST.

DARIUS ET XERXÈS.

PREMIER SYMPTOME DE DÉCADENCE.

La Perse conserve sa prépondérance militaire par la masse imposante de ses troupes ; mais elle échoue devant le génie des généraux grecs dont les forces sont bien inférieures.

4ᵉ SIÈCLE AVANT JÉSUS-CHRIST.

ALEXANDRE ET DARIUS III.

PREMIÈRE CHUTE DE L'EMPIRE PERSE.

La Perse est subjuguée par le conquérant macédonien.

3ᵉ SIÈCLE AVANT JÉSUS-CHRIST.

APRÈS LA MORT D'ALEXANDRE.

Les Perses sont vaincus par les Parthes, et, depuis ce moment, la lumière historique nous abandonne.

LACUNE DE CINQ SIÈCLES.

DYNASTIE DES SASSANIDES.

LA PERSE SE RELÈVE DE SA CHUTE.

La lumière de l'histoire reparaît, et avec tout son éclat. A cette nouvelle aurore, les Perses sont affranchis du joug des Parthes, et leur empire, devenu redoutable, menace l'Asie entière. Mais il ne brille pas long-temps sur la scène des nations. On le voit tour à tour s'affaiblir, se relever, s'affaiblir encore, et finir sa seconde carrière à l'apparition des armes du Prophète.

DU 7ᵉ AU 14ᵉ SIÈCLE APRÈS JÉSUS-CHRIST.

ARABES.

DEUXIÈME CHUTE DE LA PERSE.

La Perse, après avoir souffert les attaques de l'empire d'Orient, qui lui enlève plusieurs villes, est enveloppée dans les conquêtes des mahométans, et elle subit le joug des Arabes.

DU 14e AU 18e SIÈCLE APRÈS JÉSUS-CHRIST.

TAMERLAN,

ROI DES MONGOLS.

LA PERSE SE RELÈVE UNE SECONDE FOIS.

La Perse gémit sous le sceptre de Tamerlan, mais la puissance de ce nouveau conquérant meurt avec lui. Un anachorète s'attire, par ses vertus, la plus haute considération de ses concitoyens. Tamerlan lui-même est pénétré de respect pour lui, et, cédant à ses vœux, il rend à la Perse 30,000 prisonniers. La famille du solitaire monte ensuite sur le trône par le choix de la nation, et règne environ deux siècles et demi.

DU 18e AU 19e SIÈCLE APRÈS JÉSUS-CHRIST.

AFGHANS,

PEUPLES ASIATIQUES.

CHUTE DEFINITIVE.

La famille du solitaire s'éteint. La Perse est de nouveau envahie par ses voisins, et les Afghans montent sur le trône où ils sont encore aujourd'hui.

PARTHES.

4ᵉ SIÈCLE AVANT JÉSUS-CHRIST.

ALEXANDRE ET DARIUS.

ENFANCE.

La Parthie est, à cette époque, la contrée la plus pauvre de l'empire, et les rois dédaignent de s'y arrêter.

7ᵉ SIÈCLE AVANT JÉSUS-CHRIST.

MORT D'ALEXANDRE.

ÉLÉVATION.

Une dynastie glorieuse s'élève. Arsace en est le chef. Doué d'un génie guerrier, ce nouveau roi devient conquérant et tire sa patrie de l'obscurité.

1ᵉʳ SIÈCLE AVANT JÉSUS-CHRIST.

CRASSUS,

CONSUL ROMAIN.

APOGÉE DES PARTHES.

L'Asie entière obéit à leurs lois. Leur empire fait trembler même le colosse romain, dont les légions sont plusieurs fois massacrées.

1ᵉʳ SIÈCLE AVANT JÉSUS-CHRIST.

OCTAVE,

PREMIER EMPEREUR ROMAIN.

DÉCADENCE.

Les Parthes sont épouvantés à l'avénement d'Octave. Ils lui renvoient les prisonniers romains, avec les étendards qu'ils avaient conquis : opération qui blesse leur honneur national, et donne une preuve de la faiblesse de leurs forces militaires, ou de leurs ressources pour la guerre. L'état commence à être épuisé.

3ᵉ SIÈCLE APRÈS JÉSUS-CHRIST.

DYNASTIE DES SASSANIDES.

CHUTE DES PARTHES.

Le fils d'un soldat perse s'élève par son courage aux premières places de l'état ; il sauve sa patrie de la domination des Parthes, et efface ceux-ci pour toujours de la liste des nations.

GAULOIS.

ENFANCE. ÉPOQUE INCONNUE.

Au berceau de cette nation on voit les Celtes, dont les phalanges armées portent plusieurs fois la terreur chez diverses nations de l'antiquité.

6ᵉ SIÈCLE AVANT JÉSUS-CHRIST.

BELLOVÈSE, SIGOVÈSE.

PUISSANCE PHYSIQUE.

PREMIÈRE ÉLÉVATION.

Ce peuple se rend déjà remarquable en Europe par son activité et son esprit d'entreprise. Il franchit hardiment la chaîne des Alpes et la Forêt-Noire, et fonde des colonies en Italie et en Germanie.

4ᵉ ET 3ᵉ SIÈCLE AVANT JÉSUS-CHRIST.

LES DEUX BRENNUS.

CARACTÈRE GUERRIER.

DEUXIÈME ÉLÉVATION.

Le caractère belliqueux des Gaulois s'annonce avec éclat. Leurs exploits sont déjà de nature à faire trembler l'Europe.

Conduits par des chefs dignes d'eux, ils attaquent d'abord les Romains dans leurs foyers, et ensuite ils répandent la frayeur dans la Thrace, dans la Macédoine et dans la Grèce.

DU 2ᵉ SIÈCLE AVANT AU 5ᵉ APRÈS JÉSUS-CHRIST.

JULES-CÉSAR.

TROISIÈME ÉLÉVATION POUR LA CIVILISATION QUE LES GAULOIS REÇOIVENT DE L'ÉTRANGER.

MARSEILLE, menacée par ses voisins, implore le secours des Romains, ses anciens alliés. Plusieurs consuls y accourent successivement avec leurs légions, et les ennemis sont défaits. Insensiblement les défenseurs changent de rôle et s'établissent dans la Gaule. Une lutte s'engage entre les deux peuples, et soixante ans de guerre et de carnage suffisent à peine aux Romains pour soumettre les Gaulois.

5ᵉ SIÈCLE APRÈS JÉSUS-CHRIST.

PHARAMOND, CLOVIS,

CHEFS DES FRANCS (PEUPLES GERMAINS).

LA GAULE DEVIENT NATION SOUS LE NOM DE FRANCE.

LES Germains menacent depuis long-temps l'empire romain. Plusieurs de ces peuples, unis par un lien fédératif, ont pris le nom de Francs et ont envahi la Gaule sous la conduite de Pharamond. L'aigle des conquérants du monde recule peu à peu devant ces masses acharnées, et, après un siècle de la crise la plus violente, Clovis élève son trône sur les débris du dernier étendard romain. Il fonde la monarchie française, lui procure l'unité qui lui manque, et la France commence sa noble carrière. Oui, elle sera bientôt la plus forte nation de l'Europe, et elle sera la première à saisir le sceptre impérial d'Occident.

6ᵉ ET 7ᵉ SIÈCLE APRÈS JÉSUS-CHRIST.

MORT DE CLOVIS.

OBSTACLE AUX PROGRÈS.

A la mort du chef farouche qui créa la puissance française, la France perd pendant deux siècles l'unité qu'elle avait acquise. Soumise à des partages entre les enfants des souverains, elle est victime de leurs discordes. Bientôt un changement de dynastie, préparé par la gloire des armes, triomphe de cet obstacle, et le grand-père de Charlemagne règne seul sur la nation. C'est Charles Martel, à qui l'histoire accorde une place si honorable. Fils d'un maire du palais, il sauve sa patrie de l'invasion germanique, ainsi que de celle des Musulmans, et, par ses nombreux exploits, il se rend digne de la couronne.

8ᵉ SIÈCLE APRÈS JÉSUS-CHRIST.

CHARLEMAGNE.

PREMIER APOGÉE.

Le peuple français étonne l'univers. Jamais nation n'est arrivée à l'apogée d'un pas aussi rapide. Presque toute l'Europe reçoit ses lois, et l'empire de Charlemagne est le plus puissant du globe. Tout fleurit sous son règne ; la France prend le premier rang parmi les peuples guerriers ; et, si le sceptre impérial passe en Allemagne après la mort du grand homme, ce n'est que par la faiblesse des chefs de l'état. Le génie martial ne s'est jamais éteint chez le Français. Quand il a pu déployer ses forces sous un capitaine en rapport avec son caractère national, il est devenu tout à coup l'effroi de ses voisins ; il a renouvelé au bout de mille ans l'empire d'Occident ; il a fait trembler le czar sur son trône, et il a lutté contre l'Europe coalisée.

9e SIÈCLE APRÈS JÉSUS-CHRIST.

LOUIS-LE-DÉBONNAIRE et SES TROIS FILS.

CHUTE DU PREMIER EMPIRE.

L'EMPIRE renferme dans son sein des causes de dissolution : les nombreuses provinces qui le composent se trouvent réunies, non pas par l'habitude du temps, mais par la force comprimante de celui qui les a conquises. Louis-le-Débonnaire est un prince faible et incapable de régner. Ses fautes accélèrent la chute d'un trône trop élevé pour lui. De son vivant il partage ses états entre ses trois fils, et il brise ainsi le sceptre impérial. Les trois frères en discorde se livrent les batailles les plus sanglantes. La France devient un royaume séparé de la Germanie, et le grand édifice du héros est démoli.

HUGUES CAPET.

RÉGIME FÉODAL ET BERCEAU DE LA DEUXIÈME CARRIÈRE DES FRANÇAIS.

Les deux royaumes de France et de Germanie n'existent plus. Cent souverainetés indépendantes se sont élevées sur leurs ruines. C'est le régime féodal qui s'est peu à peu organisé par la faiblesse des successeurs du héros. N'ayant pas la force de réprimer une nation remuante et pleine de vie, ils ont établi partout des gouverneurs qu'ils ont comblés de priviléges et de bienfaits. Devenus puissants et orgueilleux, ces derniers ont proclamé leur indépendance, et balancé le pouvoir royal, qui a fini par être abaissé, anéanti. Cet état d'avilissement de la couronne ne sera pas long-temps stationnaire. La royauté sera bientôt aux prises avec la noblesse. Le sceptre français a été saisi par un des barons puissants, Hugues Capet, et celui d'Allemagne est tombé par élection dans les mains d'Othon-le-Grand, que le pape a couronné empereur. Ce dernier lutte déjà, et avec succès, contre le colosse féodal. Le moment de la France n'est pas encore arrivé. Le règne suivant ouvrira une scène nouvelle et inattendue, une route de trophées. Ce sont les expéditions des croisades, dans lesquelles les rois français prendront la part la plus active pour sacrifier, sur les champs de la Palestine, une partie de leurs rivaux.

11ᵉ SIÈCLE APRÈS JÉSUS-CHRIST.

PHILIPPE Iᴱᴿ,   URBAIN II,

ROI DE FRANCE.   PAPE.

PIERRE-L'ERMITE,

MOINE DE LA PICARDIE.

PREMIER DEGRÉ D'ÉLÉVATION.

La France gémit sous le joug des barons. La littérature et les arts sont comprimés dans cette époque de despotisme. L'étendard du Prophète, qui menace d'envahir toute l'Europe, opère une crise étonnante et inattendue. Le Vatican à la voix sublime embrase tous les esprits et pousse les peuples vers l'Orient. Toutes les classes s'arment à l'envi pour prendre part à une guerre dont le but apparent est de sauver le tombeau du Christ. L'esprit de chevalerie et la religion y font accourir la noblesse entière. L'Europe et l'Asie s'entre-choquent pendant deux siècles, et le fer musulman, qui moissonne les têtes des barons français, brise les chaînes d'un peuple de braves à qui de hautes destinées sont réservées, ouvre à la monarchie la route pour ramener la France à l'unité, et fait refluer vers l'Occident les lumières des littératures grecque et arabe, dont la dernière est à l'apogée.

12ᵉ SIÈCLE APRÈS JÉSUS-CHRIST.

LOUIS-LE-GROS.

DEUXIÈME DEGRÉ D'ÉLÉVATION.

Une grande révolution politique s'opère dans l'état. Louis VI connaît le siècle où il vit et il en seconde le mouvement. Il voit le système féodal affaibli ; il le pousse énergiquement vers sa ruine. Sa main habile cherche dans le peuple un parti pour l'opposer aux grands, ainsi qu'au pouvoir ecclésiastique ; il le trouve en protégeant ses droits ; il l'autorise à discuter ses intérêts dans les communes ; il l'affranchit peu à peu de la dépendance des barons, et substitue au despotisme un système de démocratie qui ramène la justice et fait successivement éclore les lumières et le sentiment de liberté.

15ᵉ SIÈCLE APRÈS JÉSUS-CHRIST.

PHILIPPE-AUGUSTE et SAINT LOUIS.

TROISIÈME DEGRÉ D'ÉLÉVATION.

La féodalité est aux prises avec la monarchie. La lutte est terrible, et la question est posée sur le champ de bataille. Une ligue formidable se forme contre Philippe-Auguste : les barons français excitent à la guerre l'Angleterre et l'Allemagne, jalouses comme eux de l'accroissement du pouvoir royal, et une armée de 200,000 hommes est sur les frontières de la France ; celle-ci ne peut en opposer que 70,000. Dans le choc, le roi français est renversé de cheval, foulé aux pieds ; mais il triomphe de ses ennemis, et son sceptre est de plus en plus affermi. Il brave en même temps les foudres que le Vatican lance contre lui, et donne à la postérité une preuve du progrès de son peuple. Quelques années plus tard, le joug du pape est encore plus vigoureusement ébranlé par saint Louis, qui fixe hardiment une ligne de démarcation entre le spirituel et le temporel, et oppose une barrière à la cour de Rome. Le progrès intellectuel est accompagné de la puissance physique. La France est considérablement agrandie par la réunion de nouvelles provinces.

14ᵉ SIÈCLE APRÈS JÉSUS-CHRIST.

PHILIPPE-LE-BEL.

QUATRIÈME DEGRÉ D'ÉLÉVATION.

CE roi ouvre un des siècles les plus féconds en transforma-
tions sociales. Le peuple français acquiert de plus en plus de
l'importance. De nul et esclave qu'il était, il s'est élevé, sous
Louis-le-Gros, à la discussion de ses intérêts dans les communes. Maintenant il a une mission plus noble, et il se montre
sur la scène politique. C'est le roi qui l'y appelle par la con-
vocation des états-généraux. Il élève dans les assemblées sa
voix avec force ; il résiste, il lutte, et il prouve par-là l'énergie
de son caractère et la rapidité de sa conception. La France est
déjà en état d'offrir à Philippe-le-Bel un parti puissant contre
les armes du Vatican brisées à Paris. (Voyez ma revue sur
Rome, sous le titre de Philippe-le-Bel et Boniface.) Le territoire français augmente encore son étendue.

15ᵉ SIÈCLE APRÈS JÉSUS-CHRIST.

LOUIS XI.

CINQUIÈME DEGRÉ D'ÉLÉVATION.

PLUSIEURS guerres avec l'Angleterre agitent la France et
ralentissent ses progrès. Après plusieurs succès et revers, les
Anglais sont chassés du territoire, et la nation française reprend à pas pressés sa course vers son second apogée. Elle
voit sur le trône Louis XI qui porte des coups mortels à l'aristocratie féodale, et qui, d'un bras puissant lance les Français
dans la carrière de la civilisation et des lumières. L'état social

reçoit une impulsion nouvelle dans toutes ses parties ; tout se régénère sous l'influence de ce roi, à qui les lois d'équilibre ont donné un caractère cruel, et son règne sépare la France moderne de l'ancienne France féodale.

HENRI IV.

SIXIÈME DEGRÉ D'ÉLÉVATION.

La féodalité fait un dernier effort dans son agonie. Elle organise une ligue dont le but apparent est le maintien de la religion catholique, mais qui, dans le fond, n'est que l'intrigue de la famille de Guise pour usurper la couronne. Cet édifice tombe devant la politique de Henri IV, qui embrasse le catholicisme, et enlève ainsi à ses rivaux le prétexte de leurs hostilités. Ce prince, grand dans ses vues, sent le besoin d'un système d'équilibre entre les puissances européennes, et il médite un grand plan pour le repos des peuples et des rois. Il est sur le point d'attaquer l'Autriche, dont l'abaissement lui paraît nécessaire ; mais le fer d'un assassin le fait disparaître de la scène politique. La France doit à ce monarque un agrandissement considérable dans l'étendue de son territoire.

LOUIS XIII et RICHELIEU.

OBSTACLE AUX PROGRÈS.

Un grand ministre d'état répare la perte que la France a essuyée dans la personne de Henri. Richelieu pénètre la pensée du roi assassiné, et, secondé par la Suède, il s'oppose à l'Autriche, qui veut envahir le corps germanique, dont l'indépendance est pour l'Europe du plus haut intérêt. Après LA GUERRE DE TRENTE ANS, la France l'emporte, elle abaisse l'Autriche, la resserre dans ses limites, et, par le traité de Westphalie, on jette les bases du système d'équilibre que Henri IV n'avait pas eu le temps de réaliser. Les dernières têtes des barons puissants tombent, et tout ce qui reste d'aristocratie féodale expire. Mais le pouvoir royal aime à se concentrer de plus en plus, et les états-généraux sont abolis. La nation souffre en silence cette violence ouverte que le roi fait à ses droits, mais elle en est profondément blessée. Elle s'est vue flattée dans le moment où elle servait de bouclier aux rois contre la noblesse qui luttait avec eux ; maintenant que son bras a terrassé l'Hercule, elle est méconnue, foulée aux pieds. Cette trahison ne restera pas impunie, et la vengeance sera terrible. Une victime royale la paiera de son sang, lorsque les lumières auront pénétré dans les masses. Nous verrons plus tard la France se lever comme un seul homme, et faire trembler à jamais ceux qui la gouvernent.

○—⁂⁂⁂—○

17e SIÈCLE APRÈS JÉSUS-CHRIST.

LOUIS XIV.

LES LUMIÈRES JETTENT LE PLUS VIF ÉCLAT.

SEPTIÈME DEGRÉ D'ÉLÉVATION.

LA nature vient au secours d'un peuple oppressé. Jamais nation n'a vu briller à la fois un si grand nombre de génies. Le poète, le philosophe, le publiciste, tous à l'envi éclairent la raison et font sentir à l'homme sa noblesse et son rang dans la chaîne sociale. Le soldat couvert de lauriers a étendu au loin les frontières de sa patrie. Le pape, autrefois si redoutable, fléchit devant le génie et la puissance de Louis XIV, et Paris voit pour la première fois un neveu du pontife, humble et soumis, aller demander pardon au roi pour une insulte que l'ambassadeur de celui-ci a reçue à Rome. Tout donne à la nation française une prépondérance qui lui attire les égards de ses voisins et lui fait jouer le plus grand rôle en Europe.

18ᶜ SIÈCLE APRÈS JÉSUS-CHRIST.

LOUIS XVI.

ÉTAT DE VIOLENCE SOCIALE POUR ARRIVER AU DEUXIÈME APOGÉE.

Le peuple a des droits à réclamer, des libertés à conquérir, l'honneur à venger. Les écrivains libéraux ont embrasé tous les esprits, attaquant à la fois et le trône et l'autel, et la France vient de poser de sa main, dans le Nouveau-Monde, l'étendard de la liberté. La fermentation est générale, et la foudre révolutionnaire est prête à éclater : elle n'attend que le choc des partis ; l'état malheureux des finances en offre l'occasion ; le mécontentement des classes se manifeste, et la France entière court aux armes. Le sang royal coule sur l'échafaud. La royauté est abolie, la république proclamée, et le pavillon français va prendre une seconde fois la première place en Europe.

19e SIÈCLE APRÈS JÉSUS-CHRIST.

NAPOLÉON.

DEUXIÈME APOGÉE.

La nature élève sur l'horizon politique un astre qui brille d'un éclat nouveau. Il attire à lui tous les regards et condense la révolution. C'est le général d'Italie, l'Alexandre des temps modernes. A son apparition, l'Europe semble glacée d'effroi. Sa mission est de sauver sa patrie attaquée par l'étranger, au moment où la fureur des partis a rompu l'équilibre national. Il remplit ce grand rôle de la manière la plus brillante. Il porte la gloire des armes au plus haut degré. Il venge la France. Il répare ses pertes, et l'état fleurit.

On voit en peu de temps l'Autriche abaissée, anéantie, demander à la France deux fois la paix ; l'empire germanique, qui existait depuis des siècles, dissout par le pouvoir seul d'un décret de Napoléon, qui place tous les princes d'Allemagne sous sa protection ; la Russie, qui ne peut autrement arrêter la marche triomphante des armées françaises qu'en brûlant ses propres villes ; l'Angleterre, dont les routes maritimes sont fermées par le système continental, prodiguer tous ses trésors et épuiser ses finances pour coaliser les souverains contre le colosse français ; le pape, qui, sur le penchant de sa ruine, tente un dernier effort, et ose lever encore son sceptre tremblant pour frapper d'anathème le guerrier au milieu de ses trophées, devenir, comme son prédécesseur, prisonnier de la nouvelle cour impériale. La France commande presque à toute l'Europe, et elle est, pour la seconde fois, le centre de l'empire d'Occident. Tous les trônes sont ébranlés ; le moment est décisif ; les ennemis se pressent de tous côtés, et deux armées redoutables sont en présence à Waterloo. Les puissances triomphent, MAIS NON PAS DE LA SAVANTE

MANOEUVRE QUE NAPOLÉON A CONFIÉE A SES GÉNÉRAUX. L'HISTOIRE L'A HAUTEMENT PROCLAMÉ ET DÉMONTRÉ. Le héros tombe, mais avec gloire. L'honneur des armées françaises ne reçoit aucune atteinte, et elles demeurent à l'apogée où le grand capitaine les a placées.

Mais le vainqueur d'Arcole n'a pas encore achevé sa carrière. De nouveaux destins lui sont réservés. Il disparaît de la scène politique pour aller offrir à l'univers un spectacle plus sublime encore que tous ses triomphes. Du sein des flots où il est relégué, il donne à l'homme plus de leçons que cent volumes de morale. Les nations contemplent avec stupeur la force d'âme qu'il déploie dans son infortune, et qui, dépassant toujours les limites ordinaires des hommes, oppose à ses bourreaux un calme contre lequel se brise leur cruauté, et le rocher volcanique de Sainte-Hélène, honoré du dépôt d'un si grand homme, devient l'ÉCOLE DES ROIS, l'ADMIRATION DES PEUPLES, le SANCTUAIRE DES MALHEUREUX.

ALLEMANDS.

COUP-D'OEIL GÉNÉRAL.

Les Allemands habitent le pays des anciens Germains qui occupaient le centre de l'Europe, entre le *Danube*, la *Vistule*, la *mer Baltique* et le *Rhin*. — Cette vaste contrée est aujourd'hui partagée en quarante états unis par une confédération dans laquelle l'empereur d'Autriche joue le premier rôle.

Nous commencerons leur histoire au moment où ils sortent la première fois de leurs forêts, et se présentent à l'Europe étonnée pour se battre corps à corps avec le colosse romain, c'est-à-dire à l'époque de leur virilité, puisque celle de leur enfance nous est inconnue. — Deux fois ce peuple féroce a recommencé sa carrière, et deux fois il s'est élevé par degrés jusqu'à l'apogée. — Sa première élévation, n'ayant d'autre appui que celui de la force, devait bientôt disparaitre devant les combinaisons des peuples attaqués, qui réunissaient la puissance des armes à celle de leur génie. — Cependant il n'était pas juste qu'après un combat inégal, une nation pleine de vie, et si imposante par sa masse, descendît dans le tombeau pour ne plus reparaître. Les lois d'équilibre, qui régissent l'univers, s'y opposaient. Il fallait qu'elle se mesurât encore avec ses voisins lorsqu'elle serait civilisée à son tour, et que les siècles à venir lui ouvrissent une seconde carrière en harmonie avec sa nouvelle position. — Oui : l'âge de Charles-Quint indiquera à l'univers le vol sublime que les Allemands prendront, et la hauteur éminente où ils seront placés.

2ᵉ SIÈCLE AVANT JÉSUS-CHRIST.

MARIUS,

CONSUL ET GÉNÉRAL ROMAIN.

PREMIER PAS VERS L'ÉLÉVATION.

LES Germains attaquent vigoureusement les Romains dans leurs foyers; ils battent plusieurs consuls, et ils ne reculent que devant les redoutables phalanges de Marius.

○-⁂-○

1ᵉʳ SIÈCLE DE L'ÈRE CHRÉTIENNE.

OCTAVE,

EMPEREUR ROMAIN.

DEUXIÈME ÉLÉVATION.

L'APPARITION soudaine du héros qui fait trembler l'univers paralyse un peu la hardiesse des Germains; mais bientôt ils reprennent les armes, se mesurent de nouveau avec leurs ennemis, et trois légions romaines trouvent leur mort dans les champs de la Germanie.

○-⁂-○

2ᵉ, 3ᵉ ET 4ᵉ SIÈCLE APRÈS JÉSUS-CHRIST.

MARC-AURÈLE,

EMPEREUR ROMAIN.

TROISIÈME ÉLÉVATION.

LES Germains se présentent plus souvent sur les terres de l'empire. Ils éprouvent des succès et des revers. Éclairés par l'expérience, ils s'unissent par un lien fédératif ; ils donnent à leur ligue le nom de Francs, et le quatrième siècle les voit établis près des frontières de la Gaule.

5e SIÈCLE APRÈS JÉSUS-CHRIST.

ATTILA, ODOACRE, GENSERIC,

ROIS BARBARES.

PREMIER APOGÉE.

Les Germains couvrent avec des masses innombrables d'hommes toute la partie civilisée de l'Europe, et ils enlèvent aux Romains même leurs possessions en Afrique. Rome est prise, pillée, incendiée, et plusieurs rois barbares occupent successivement le trône des Césars.

6e SIÈCLE APRÈS JÉSUS-CHRIST.

BÉLISAIRE et NARSÈS,

GÉNÉRAUX D'ORIENT.

DÉCADENCE.

Les Germains éprouvent de grands revers. Ils sont obligés de céder au génie et à la science militaire des premiers capitaines du siècle. Ils sont chassés de l'Afrique et de l'Italie.

CHARLEMAGNE,

EMPEREUR FRANÇAIS.

CHUTE.

LES Germains sont comprimés par la main puissante du héros qui commande à presque toute l'Europe, et tous les peuples barbares sont refoulés dans leurs cantonnements. Leur courage n'est pourtant pas abattu. Après quelques années de silence, Charlemagne voit de ses yeux les premières voiles normandes qui se présentent hardiment sur les rivages français. Le guerrier pleure pour l'avenir de la France lorsqu'il n'y sera plus, et commence à créer une marine pour la garantir.

⚬·҈·⚬

LOUIS-LE-DÉBONNAIRE,

SUCCESSEUR DE CHARLEMAGNE.

ENFANCE DE LA SECONDE CARRIÈRE DES ALLEMANDS.

L'EMPIRE français souffre de violentes secousses à cause des partages parmi les héritiers de Charlemagne. L'unité est rompue et il marche à grands pas vers sa dissolution. Plusieurs princes d'Allemagne profitent de la circonstance pour se rendre indépendants. Bientôt les Allemands seront affranchis du joug étranger, et le sceptre impérial d'Occident passera dans leurs mains. Mais avant d'arriver à ce second triomphe, ils gémiront pendant quelque temps sous le régime féodal qui pèse sur toute l'Europe, et ce ne sera que par degrés qu'ils en seront affranchis.

OTHON-LE-GRAND.

ÉLÉVATION.

L'ALLEMAGNE voit dans la personne d'Othon le monarque le plus habile et le plus ferme de tous, et que le pape a couronné empereur. Ce prince rétablit l'autorité royale avilie par les principaux vassaux, et il est le premier qui lutte avec énergie et succès contre le colosse féodal, qui depuis quelque temps grandit d'une manière effrayante. L'Allemagne commence déjà à jouir d'une haute prééminence en Europe.

HENRI IV,   GRÉGOIRE VII,

EMPEREUR D'ALLEMAGNE.   PAPE.

OBSTACLES AUX PROGRÈS. ORIGINE DE LA CONFÉDÉRATION DU RHIN.

LES papes sont à l'apogée de leur pouvoir : ils se sont arrogé le droit de créer et de déposer les rois. Une querelle de religion s'engage entre le pontife et l'empereur. Henri fait arrêter le pape sur l'autel par un brigand; et le chef de l'Église lance contre lui le glaive du ciel dont il est armé. Le prince excommunié voit chanceler son trône et plie devant son rival. En vain il implore son pardon, en vain il sacrifie à ses pieds toute sa dignité impériale : ses ennemis le pressent de toute part; les princes d'Allemagne menacent de le déposer. Ses propres enfants se soulèvent contre lui et lui livrent des batailles où il succombe. Pauvre, errant, malheureux, il ne trouve pas même un asile pour finir ses jours infortunés ! Dans l'intervalle, la guerre du sacerdoce prend plus de vigueur que jamais, et l'Europe est en feu. L'Allemagne présente le spectacle le plus déchirant ; tout est en plein désordre ; l'anarchie règne dans les villes ; des armées de brigands ravagent les campagnes, et cette malheureuse contrée éprouve à la fois tous les maux de la tyrannie et de la licence. Les grands, voyant le trône impérial attaqué dans ses bases et par des ennemis si redoutables, profitent de la circonstance et proclament leur indépendance ; ils commencent ainsi la confédération du Rhin, qui énerve de plus en plus les forces de l'empire.

13ᵉ SIÈCLE APRÈS JÉSUS-CHRIST.

RODOLPHE D'HAPSBOURG.

GRANDE ÉLÉVATION DE L'EMPIRE.

L'ALLEMAGNE a jusqu'à présent franchi l'époque la plus violente. Jouet de la cour de Rome, elle n'a eu ni repos, ni même liberté de se donner un chef de son choix. Tantôt Innocent IV défend aux électeurs de donner la couronne au jeune et intéressant Conradin à qui elle appartient de droit ; plus tard Grégoire X menace de donner lui-même à la Germanie un empereur à son gré. — Les ressorts de la nation sont paralysés et il s'ensuit un interrègne de cinq lustres. Le désordre et l'anarchie sont au comble, lorsque l'homme d'état le plus habile monte sur le trône ; c'est RODOLPHE D'HAPSBOURG. Doué d'un caractère ferme et d'une haute prudence, il est le seul qui puisse tirer le royaume de l'abîme où il se trouve. Il saisit les rênes de l'état avec vigueur ; il organise d'une manière admirable toutes les branches de l'administration sociale.

Aussi profond politique que grand capitaine, il se met à la tête de ses troupes et se couvre de lauriers. Il fait en peu de temps la conquête de la Bohême, de l'Autriche, de la Styrie, de la Carinthie et de la Carniole. Par ses exploits et par un règne plein de sagesse, Rodolphe place le trône impérial à une hauteur assez éminente, fonde la maison d'Autriche, et prépare à CHARLES-QUINT la première couronne de l'univers.

16e SIÈCLE APRÈS JÉSUS-CHRIST.

CHARLES-QUINT,   FRANÇOIS Ier,

EMPEREUR D'ALLEMAGNE.   ROI DE FRANCE.

APOGÉE AGITÉ PAR DES GUERRES.

LE grand CHARLES-QUINT est sur le trône impérial. Il est le monarque le plus puissant de l'Europe. Son vaste empire vient de s'enrichir de l'Espagne et d'une grande partie de l'Italie. Un trône aussi élevé lui donne des idées d'envahissement universel. Le roi des Français, pour défendre son indépendance menacée, cherche des alliés pour combattre son rival. Une longue guerre s'engage, l'Autriche finit par faire des concessions, et les souverains d'Europe, spectateurs de la lutte, commencent à sentir le besoin d'un système d'équilibre qui assure leurs possessions.

HENRI IV,   RICHELIEU,

ROI DE FRANCE.   MINISTRE DE LOUIS XIII.

PREMIER ABAISSEMENT DE L'AUTRICHE.

GUERRE DE TRENTE ANS.

Toujours poussée par des idées d'agrandissement, l'Autriche commence par attaquer le corps germanique. Elle veut en briser les liens pour soumettre tour à tour tous les princes allemands à ses lois. Les puissances ont déjà compris que l'existence de ce corps est pour elles du plus haut intérêt. Elles pénètrent les vues cachées de leur ennemie, et elles deviennent les protectrices de la confédération. Celle-ci reçoit une organisation plus régulière; la maison d'Autriche, resserrée dans ses justes limites, est abaissée, et le fameux traité de Westphalie (1648) vient réaliser les vœux de l'Europe, en fixant à jamais les bases de son système politique.

18e SIÈCLE APRÈS JÉSUS-CHRIST.

LOUIS XIV,   LÉOPOLD IER,

ROI DE FRANCE.   EMPEREUR D'AUTRICHE.

DEUXIEME DÉCADENCE.

Une vaste succession s'ouvre; c'est l'Espagne avec ses nombreuses possessions, que Charles-Quint avait jadis léguée à un de ses fils pour être gouvernée séparément. Plusieurs princes y aspirent. L'empereur et le roi de France sont les premiers à présenter leurs droits. Une guerre générale embrase l'Europe. Le système d'équilibre adopté par les cabinets s'oppose à réunir sur la même tête cette nouvelle couronne ; et l'Autriche épuise en vain ses forces pour agrandir sa puissance. Le royaume espagnol est démembré ; chacun des prétendants en a une portion, et une seconde paix (celle d'Utrecht, 1712), fondée sur les mêmes bases que celle de Westphalie, détruit les projets de la France et de l'Autriche, qui tendaient à rompre l'équilibre de la balance européenne.

18ᵉ SIÈCLE APRÈS JÉSUS-CHRIST.

MARIE-THÉRÈSE D'AUTRICHE ET SON ÉPOUX,

FRANÇOIS Iᵉʳ DE LORRAINE.

L'EMPIRE EST SUR LE POINT DE DISPARAÎTRE.

TROISIÈME DÉCADENCE.

LE trône autrichien est vacant par la mort de Charles VI. Toute l'Europe est sur la scène de la succession. Une guerre générale s'allume, et les souverains se divisent en deux partis : les uns veulent anéantir l'empire et partager les débris de la couronne ; les autres, favorisant la fille de l'empereur défunt, établissent la nouvelle dynastie d'Austro-Lorraine, et placent sur le trône Marie-Thérèse avec son époux. Dans la lutte, la monarchie autrichiene perd une partie de ses états, mais elle demeure au rang des premières puissances.

NAPOLÉON.

CHUTE ET RESTAURATION DE LA MAISON D'AUTRICHE ET DES PRINCES ALLEMANDS.

L'AUTRICHE est sur le penchant de sa ruine. La France lui enlève la plupart de ses possessions. Humiliée au dernier point, elle lui demande deux fois la paix. Les princes allemands effrayés se réfugient sous les ailes du César français, qui vient d'enlever à l'Allemagne le drapeau impérial usurpé aux successeurs de Charlemagne. Bientôt les puissances se coalisent pour ramener en Europe l'équilibre que la France a rompu. Elles invoquent encore, après leur triomphe, le traité de Westphalie, et leur politique, plus éclairée qu'auparavant, donne à ce traité le dernier degré de perfectionnement. Une étroite union lie tous les souverains de l'Europe ; ils se jurent une mutuelle assistance, et ils garantissent ainsi leurs trônes de toutes attaques. Une confédération particulière entre l'Autriche et l'Allemagne assure l'indépendance de trente-neuf petits états, et oppose à l'empire autrichien une barrière à toute idée d'agrandissement.

ESPAGNOLS.

ORIGINE.

DEPUIS UNE ÉPOQUE TRÈS RECULÉE JUSQU'A L'INVASION DES ROMAINS.

Les Ibériens, peuples de l'Asie, habitent l'Espagne les premiers. Les Celtes y arrivent après, du côté des Pyrénées. Plus tard, les Phéniciens, les Grecs et les Carthaginois établissent successivement des colonies sur ses côtes.

2e SIÈCLE AVANT JÉSUS-CHRIST.

. SCIPION.

INVASION ROMAINE.

Après avoir opposé aux Romains le courage le plus héroïque, l'Espagne fléchit enfin devant ses ennemis, et le vainqueur de Carthage cueille les derniers lauriers devant la ville de Numance, appelée la *terreur des Romains*.

5e SIÈCLE APRÈS JÉSUS-CHRIST.

INVASIONS BARBARESQUES.

L'Espagne subit le même sort que le reste de l'Europe. Des hordes barbares remplacent tour à tour les aigles romaines pendant trois siècles.

8ᵉ SIÈCLE APRÈS JÉSUS-CHRIST.

INVASION DES MAURES.

Les Maures envahissent l'Espagne, triomphent des Barbares, qui se rallient sur les montagnes, et règnent à leur place pendant sept siècles. Ils déploient tout ce que l'imagination peut concevoir d'opulence dans les villes, de splendeur dans les palais, d'élégance et d'urbanité dans les usages. Singulier contraste avec le reste de l'Europe plongée dans la barbarie.

DU 10ᵉ AU 15ᵉ SIÈCLE APRÈS JÉSUS-CHRIST.

LUTTE ENTRE LES MAURES ET LES BARBARES.

Pendant ces cinq siècles, les Maures sont en guerre continuelle avec ceux qui les ont précédés sur la terre d'Espagne. Ce sont les Visigoths devenus chrétiens, qui, secourus par les papes, deviennent de plus en plus puissants et enlèvent chaque jour à leurs ennemis de nouvelles contrées. Dans le quinzième siècle, les disciples du Prophète ne possèdent que le seul royaume de Grenade.

FERDINAND-LE-CATHOLIQUE,

ROI DE CASTILLE.

ISABELLE DE CASTILLE,   LE MAURE,

REINE D'ARAGON.   ROI DE GRENADE.

RÉUNION DES TROIS COURONNES.

A cette époque, l'Espagne nous présente deux royaumes chrétiens et un royaume musulman. Sous peu elle acquiert l'unité. L'hymen lie Ferdinand à Isabelle, et leurs forces réunies chassent les Maures de Grenade. Mais les Espagnols n'ont rien gagné : la chaîne de leurs malheurs n'est pas encore brisée. Bientôt le nouveau prince catholique ouvre un tribunal de sang, et les bûchers sont élevés dans les villes. Des milliers de citoyens sont jetés dans les flammes, et la religion prostituée sert de prétexte à la politique.

16ᵉ SIÈCLE APRÈS JÉSUS-CHRIST.

CHARLES-QUINT.

GRAND ET SOUDAIN APOGÉE.

JUSQU'A ce moment l'Espagne ne nous présente que l'affligeant tableau d'un peuple toujours esclave, luttant contre ses maîtres, ou ensanglanté par le fanatisme religieux. Aucune époque brillante n'a encore marqué sa carrière depuis vingt siècles. Ses destins ne sont-ils donc pas réglés par la même loi d'équilibre qui règne dans tout l'univers? Oui, elle jettera sous peu un éclat proportionnel à ses souffrances, et cette période se présentera tout à coup et d'elle-même, sans le moindre effort de la nation, qui a trop combattu jusqu'à présent. Un droit de succession réunit l'Espagne au vaste empire d'Autriche, et Charles-Quint, qui place sur sa tête les deux couronnes, est le souverain le plus puissant de l'Europe. La nation espagnole est heureuse au-dedans, redoutable au-dehors.

17ᵉ ET 18ᵉ SIÈCLE APRÈS JÉSUS-CHRIST.

MORT DE CHARLES-QUINT.

DÉCADENCE.

QUATRE princes de la race du héros règnent successivement sur l'Espagne, et chacun fait faire à la monarchie un pas vers sa chute. On voit, dans l'intervalle, une flotte considérable entièrement perdue par le projet insensé de faire une descente en Angleterre ; le Portugal, les Pays-Bas, la Catalogne et d'autres pays échappés à la domination espagnole. Enfin, à la mort du dernier rejeton de la maison d'Autriche, la couronne d'Espagne, encore forte par les nombreux états qu'elle possède, divisée entre plusieurs princes qui ont des titres à la succession, et le petit-fils de Louis XIV, qui commence la dynastie des Bourbons, ne reçoit que l'Espagne seule avec ses colonies.

19ᵉ SIÈCLE APRÈS JÉSUS-CHRIST.

NAPOLÉON,

FERDINAND VII, DON CARLOS, ISABELLE II.

L'ESPAGNE FIXE SON CARACTÈRE POLITIQUE ET MARCHE VERS SON ÉLÉVATION.

LES phalanges françaises envahissent l'Espagne et la sillonnent dans tous les sens. Dans la réaction, les Espagnols se lèvent en masse, et, au cri de ralliement, les deux sexes courent aux armes. Aucun peuple n'oppose aux conquérants du monde une résistance aussi opiniâtre ; et les habitants de la

Péninsule prouvent à l'Europe étonnée qu'ils sont, au bout de vingt siècles, tels qu'ils étaient à Numance contre Scipion. Après cette lutte, qui cesse à la chute du colosse français, l'Espagne porte ses vues sur elle-même pour ne s'occuper que de sa prospérité nationale. Déjà assez éclairée pour sentir que le bonheur d'un état ne dépend que de la direction que le chef donne au mouvement social, elle s'avance d'un pas hardi vers le trône, et, d'une voix ferme, lui expose ses droits et ses besoins. Elle obtient par la force la constitution la plus démocratique; mais le roi, qui est prisonnier de son peuple, attire les regards des puissances, et la question devient européenne. La position de l'Espagne se complique. Au congrès de Vérone, la France reçoit la mission de porter ses armes au-delà des Pyrénées, et 100,000 hommes sont aux portes de Madrid. La nation cède en silence aux mesures de l'Europe coalisée, mais elle ne ménage son sang que pour le prodiguer lorsque la cause de sa liberté sera purement nationale. Bientôt cette époque arrive, et l'Espagne libérale n'a devant elle que l'Espagne ignorante et brute, aveuglée par ses tyrans. La guerre que l'on se déclare de part et d'autre est une guerre à outrance, une guerre d'extermination, et la terre est couverte de sang; mais le parti libéral triomphe avec gloire, après avoir abattu d'un bras d'Hercule les barrières puissantes que ses ennemis avaient mises sur son passage pour entraver ses progrès.

MONARCHIE ANGLAISE.

ÉCOSSAIS, IRLANDAIS.

ESQUISSE SUR L'HISTOIRE PRIMITIVE DE CES DEUX PEUPLES, JUSQU'A LEUR FUSION COMPLÈTE AVEC CELUI DE LA GRANDE-BRETAGNE.

ÉCOSSE.

ENFANCE.

Des peuplades celtes et belges, sorties successivement du continent à des époques inconnues, sont les premiers habitants de l'Écosse ainsi que de la Bretagne entière.

1er SIÈCLE AVANT JÉSUS-CHRIST.

JULES-CÉSAR.

Les Romains, qui possédèrent la Bretagne pendant quatre siècles, renoncèrent à la soumission des Écossais. Ils élevèrent même à différentes époques deux murailles flanquées de forteresses entre l'Écosse et l'Angleterre, pour arrèter les fréquentes excursions que depuis les temps les plus reculés les Écossais faisaient sur le territoire de leurs voisins.

ÉDOUARD Iᵉʳ,

ROI D'ANGLETERRE.

L'ÉCOSSE est pour la première fois soumise à l'Angleterre par
Édouard Iᵉʳ. Les complots et les conspirations des Écossais se
multiplient même au milieu du massacre de leurs plus illustres
compatriotes. Au bout de dix ans de luttes, l'Angleterre cède
au courage héroïque d'un peuple qui défend avec énergie son
indépendance, et abandonne la couronne usurpée. — Pendant
les trois siècles qui suivent, l'histoire de ce pays n'offre que
l'affligeant tableau de guerres désastreuses contre l'Angleterre , jusqu'à l'époque de Marie Stuart, dont le fils
Jacques Iᵉʳ réunit les deux couronnes sur sa tête par droit de
succession (1603).

IRLANDE.

ENFANCE.

DES historiens irlandais donnent à leur nation une origine
très ancienne. Ils la font descendre d'une colonie phénicienne
venue de l'Espagne vingt-sept siècles avant notre ère. D'autres
lui donnent pour ancêtres des Scythes sortis également de la
Péninsule cinq siècles avant l'ère chrétienne. Ce peuple était
plus féroce que les Bretons, et les Romains n'ont jamais porté
leurs armes chez eux.

8ᶜ SIÈCLE APRÈS JÉSUS-CHRIST.

ÉPOQUE D'AMÉLIORATION.

Les Irlandais sont gouvernés par une race antique de rois, et ils possèdent déjà plusieurs arts. Les Danois et les Norwégiens viennent s'établir sur leurs côtes, leur apprennent à bâtir les habitations en pierre et fondent plusieurs villes.

12ᶜ SIÈCLE APRÈS JÉSUS-CHRIST.

HENRI II,

ROI D'ANGLETERRE.

A cette époque, l'Irlande est partagée en cinq petits royaumes dont les princes ne sont pas d'accord. Le pape Adrien IV, par son droit d'investiture, donne à Henri II une bulle pour réunir l'Irlande à la couronne britannique. Le roi d'Angleterre descend dans l'île avec une armée puissante et la soumet à sa domination. Pendant les six siècles qui se sont écoulés depuis cette invasion, ce malheureux pays a continuellement été le théâtre des révoltes les plus sanglantes pour secouer le joug des Anglais. Depuis le ministère Pitt, la politique anglaise à l'égard de l'Irlande a une tendance à opérer la fusion des deux peuples; mais de grands obstacles s'y opposent.

GRANDE-BRETAGNE.

ENFANCE DES BRETONS.

A une époque très reculée et inconnue, des peuplades celtes occupent le sol de la Grande-Bretagne et en sont les premiers habitants. Long-temps après, les Belges y arrivèrent.

DU 1ᵉʳ SIÈCLE AVANT AU 5ᵉ APRÈS JÉSUS-CHRIST.

JULES-CÉSAR.

PREMIER PAS VERS L'ÉLÉVATION.

LES Bretons demeurent dans des cabanes au milieu des forêts, comme des barbares. Ce peuple féroce oppose aux légions romaines la résistance la plus vigoureuse. Les conquérants s'occupent pendant quatre siècles à adoucir leurs mœurs et à jeter parmi eux les germes de la civilisation. Ils les garantissent aussi des attaques des Calédoniens ou Bretons du nord, qu'ils refoulent dans leurs montagnes, et élèvent des murailles flanquées de forteresses entre l'Écosse et l'Angleterre.

DU 5ᵉ AU 9ᵉ SIÈCLE APRÈS JÉSUS-CHRIST.

ANGLES ET SAXONS.

OBSTACLE AUX PROGRÈS.

LES phalanges romaines abandonnent la Bretagne pour aller défendre le centre de l'empire attaqué par les Germains. Les Bretons civilisés ont perdu leur ancienne énergie, et ils sont incapables de se mesurer avec les Calédoniens qui ravagent leurs contrées. Ils réclament la protection de leurs voisins, et les Angles, les Jutes et les Saxons volent à leur secours. Bientôt ces étrangers changent de rôles; de défenseurs ils deviennent tyrans, et sept de leurs chefs partagent la Bretagne en sept petits royaumes. Bientôt cette malheureuse contrée est attaquée par les Danois qui désirent avoir part à la proie.

9e SIÈCLE APRÈS JÉSUS-CHRIST.

EGBERT,

UN DES SEPT ROIS SAXONS.

AMÉLIORATION.

La Bretagne prend le nom d'Angleterre et ses habitants celui d'Anglais. Egbert réunit les sept royaumes à sa couronne, bat les Danois, et le peuple acquiert l'unité qui lui manquait.

9e SIÈCLE APRÈS JÉSUS-CHRIST.

ALFRED-LE-GRAND,

ROI DE LA FAMILLE SAXONNE.

GRAND PAS VERS L'ÉLÉVATION.

Un héros digne des respects de la postérité est sur le trône. Tout reçoit de son génie une nouvelle impulsion et une amélioration très remarquable. Les lois, les institutions, la littérature, la marine, tout prend un aspect nouveau et prépare de loin le siècle de l'apogée. Alfred est obligé de lutter avec la puissance danoise; il souffre même quelques revers; mais il finit par en triompher complétement et être paisible possesseur de son royaume.

DU 10ᵉ AU 11ᵉ SIÈCLE APRÈS JÉSUS-CHRIST.

GUILLAUME-LE-CONQUÉRANT ET HENRI Iᴱᴿ,

SON FILS.

ÉLÉVATION PRÉCÉDÉE DE QUELQUE OBSTACLE AUX PROGRÈS.

L'ANGLETERRE est pendant le dixième siècle le théâtre de luttes sanglantes provoquées par les princes saxons et danois qui se disputent la couronne. Elle a vu ces derniers assis sur le trône d'Alfred-le-Grand. Elle va bientôt y voir un vassal du roi de France, Guillaume, duc de Normandie. Les Anglais souffrent sous la rigueur du nouveau prince français ; mais l'état se fortifie par la prudence d'un chef habile qui prépare les fers aux Gallois et présente à l'Europe une marine assez imposante. Un peu plus tard, la Grande-Bretagne reçoit de Henri Iᵉʳ une charte qui jette les bases de la liberté nationale.

12ᵉ ET 13ᵉ SIÈCLE APRÈS JÉSUS-CHRIST.

HENRI II ET JEAN-SANS-TERRE.

MAISON DES PLANTAGENET.

ÉLÉVATION.

LES dynasties se succèdent rapidement, et il semble que chacune d'elles a reçu la mission de donner à l'état un degré d'amélioration. A cette quatrième famille l'Angleterre doit la conquête de l'Irlande et du pays de Galles, ainsi qu'une seconde charte que Jean-Sans-Terre accorde à son peuple, et qui fixe les limites du pouvoir royal à une distance très avantageuse pour la nation.

15ᵉ SIÈCLE APRÈS JÉSUS-CHRIST.

GUERRES DES DEUX ROSES.

MAISON DE LANCASTER,	MAISON D'YORK,
ROSE ROUGE.	ROSE BLANCHE.

ÉPOQUE TRAGIQUE QUI FAVORISE LA LIBERTÉ NATIONALE.

CES deux familles puissantes aspirent au trône, et l'Angleterre est ensanglantée par les partis qui se disputent un maître. Dans cette lutte fatale les victimes sont innombrables; plusieurs princes de sang royal et presque toute l'ancienne noblesse sont massacrés. Cette époque tragique favorise à la fois le pouvoir royal et la nation; le premier, débarrassé des barons puissants, prend tout son essor et devient absolu; la seconde est affranchie d'une foule de petits tyrans.

16ᵉ SIÈCLE APRÈS JÉSUS-CHRIST.

ÉLISABETH.

APOGÉE.

L'ANGLETERRE touche à son plus haut degré de prospérité. Le règne d'Élisabeth, si fameux dans les annales britanniques, lui donne une haute prépondérance en Europe. Cette reine réprime les Irlandais révoltés, envoie des troupes à Henri IV pour l'aider à conquérir son royaume, protége la république de Hollande contre les attaques de Philippe II, et refuse la souveraineté des Pays-Bas. Ce règne est un des plus beaux spectacles qu'ait eus l'Angleterre. La marine est dans un état florissant; le commerce étend ses branches aux extrémités du monde ; les manufactures principales sont établies , les lois affermies , la police perfectionnée. La littérature est sur les degrés du trône. Ennemie du luxe , Élisabeth descend , comme un second Lycurgue, jusqu'à régler les vêtements, et proscrit les carrosses, les larges fraises , les longs manteaux , en un mot tout ce qui peut être appelé superflu dans la vie civile ; la conquête de plusieurs provinces en Amérique vient mettre le comble à la richesse de l'état.

17ᵉ SIÈCLE APRÈS JÉSUS-CHRIST.

JACQUES Iᴇʀ ,

FILS DE MARIE STUART , REINE D'ÉCOSSE.

CHARLES Iᴇʀ ,　　　　　CROMWELL ,

QUI MEURT SUR L'ÉCHAFAUD.　PROTECTEUR DE LA RÉPUBLIQUE.

ÉTAT DE VIOLENCE POUR BRISER LES CHAINES DU DESPOTISME.

L'ÉTAT s'agrandit en puissance. L'Angleterre, l'Écosse, l'Irlande sont toutes réunies sous la même couronne de Jacques Iᵉʳ. Mais les Anglais manquent de cette liberté qui fait le bonheur intérieur des peuples, et le pouvoir royal est trop absolu. Deux révolutions terribles, arrivées à quarante ans d'intervalle l'une de l'autre, et qui font sentir leurs secousses aux peuples des deux hémisphères, favorisent la liberté individuelle, et rétablissent entre la nation et le gouvernement les liens qui avaient été si long-temps rompus. Au premier mouvement révolutionnaire, Charles Iᵉʳ meurt sur l'échafaud. Le sceptre brisé fait place à deux lustres de république. Le successeur du roi martyr, Charles II , monte sur le trône de ses ancêtres, et l'Angleterre est couverte de sang Les nombreuses sectes religieuses et les partis politiques font éclater la guerre civile la plus destructive. La peste et l'incendie ravagent la capitale. Le prince par son despotisme aigrit le peuple de plus en plus, et prépare à Jacques II une catastrophe plus sanglante que la première. La nation court de nouveau aux armes, détrône le tyran, et appelle à la couronne l'homme le plus habile en politique, Guillaume III, de la famille d'Orange. Les vœux de la société sont remplis; elle reprend sa carrière, développe tous les éléments de prospérité qu'elle renferme dans son sein, et marche vers l'époque des conquêtes qui lui est réservée. On voit pourtant sur l'horizon social un nuage qui grosssit à mesure que l'astre de la grandeur britannique s'élève dans sa course, et qui en éclipse tout l'éclat. C'est la dette nationale de l'Angleterre qui s'augmente avec la même rapidité que ses possessions.

○—❄❄❄❄❄❄❄—○

18ᵉ ET 19ᵉ SIÈCLE APRÈS JÉSUS-CHRIST.

GEORGE III, PITT, NAPOLÉON, WASHINGTON, FRANKLIN.

APOGÉE DE RICHESSES CONTREBALANCÉ PAR UN APOGÉE DE DETTES.

DÉCADENCE.

L'ANGLETERRE a une marine imposante et d'immenses possessions en Asie; elle en a d'autres en Amérique, et la France vient de lui céder, par un traité, un grand nombre de colonies. Mais à cette grandeur s'oppose une dette énorme que la nation a graduellement contractée dans la carrière de ses conquêtes.

Bientôt les Américains se soulèvent contre la métropole, et

celle-ci s'épuise encore dans une guerre dispendieuse dont elle manque le but.

Un peu plus tard, menacée par la France, qui s'élève tout à coup comme un géant sur ses voisins et lui ferme toutes les routes maritimes, elle est obligée d'employer tous ses trésors pour acheter l'alliance des souverains et combattre sa rivale. La dette nationale devient écrasante. A l'heure qu'il est, elle monte à vingt milliards de francs, et le peuple gémit sous les impôts extraordinaires auxquels il est soumis pour payer les intérêts qui sont d'environ un milliard par an.

Une partie des Indes lutte avec l'empire britannique pour échapper à sa domination, et donne le signal de la révolte à toute la population de l'Indoustan.

La situation politique de l'Irlande vis-à-vis de l'Angleterre se complique chaque jour et prend un caractère sérieux.

Malgré ses secousses, l'Angleterre peut dans son déclin se soutenir beaucoup plus long-temps que tout autre peuple ne pourrait le faire en pareille circonstance, à cause de la grande étendue de son commerce maritime et de cet esprit de nationalité qui donne aux Anglais l'unité dans les calamités politiques.

MONARCHIE SCANDINAVE.

DANEMARCK, SUÈDE, NORWÉGE.

ENFANCE.

C'est de ces régions scandinaves que sortirent ces hordes redoutables qui, à différentes époques, ont ravagé le midi de l'Europe. D'épaisses ténèbres entourent l'histoire primitive de cette péninsule, et il faut renoncer à en débrouiller le chaos. Divisée en une foule de petits états, chaque contrée, chaque ile avait son chef.

9ᵉ. 10ᵉ, 11ᵉ ET 12ᵉ SIÈCLE APRÈS JÉSUS-CHRIST.

CANUT ET RURICK.

PREMIÈRE ÉLÉVATION.

A cette première aurore de l'histoire scandinave, nous voyons le Danois et le Normand quitter leurs excursions barbaresques pour commencer avec plus d'éclat la carrière de conquérants. Le premier, assis sur le trône britannique, commande en même temps le Danemarck et la Norwége; le second, sur les côtes de la Baltique, fonde le vaste empire de la Russie, et porte ensuite ses armes victorieuses jusqu'aux extrémités de l'Italie, où il saisit le sceptre du florissant royaume des Deux-Siciles.

MARGUERITE DE VALDEMAR,
OU LA SÉMIRAMIS DU NORD.

DEUXIÈME ÉLÉVATION.

CETTE princesse opère la fusion des trois peuples. Fille d'un roi de Danemarck, veuve d'un roi de Norwége, elle ajoute à ces deux royaumes héréditaires celui de Suède par droit de conquête. Cette unité sera bientôt rompue. C'est la Suède qui veut s'affranchir des tyrans danois pour élever, dans sa capitale, un trône à ses rois nationaux qui l'élèveront au plus haut degré de gloire, tandis que le reste de la péninsule vivra dans l'obscurité.

<hr>

GUSTAVE-ADOLPHE, CHARLES X, CHARLES XII.

LA SUÈDE FORME UN ÉTAT SÉPARÉ.

ÉCHELLE D'EXPLOITS TOUJOURS CROISSANTE,
QUI ÉLÈVE LA SUÈDE JUSQU'A L'APOGÉE.

CES trois princes présentent une série d'exploits et de gloire toujours croissante. Gustave porte sur le trône la double qualité de grand capitaine et d'administrateur éclairé. Après avoir rétabli les finances épuisées, il remplit ses ports de vaisseaux, discipline admirablement ses armées, et fait, par ses exploits, trembler l'Autriche dans la guerre de trente ans. Les mêmes preuves de valeur sont données sur le champ de bataille par Charles X, son successeur. Mais l'apogée de la gloire militaire est réservé à Charles XII, que l'histoire appelle l'Alexandre du Nord. Par ses faits d'armes, il étonne l'Europe, il effraie ses ennemis. Trois puissances se coalisent, le Danemarck, la Pologne, la Russie, et lui déclarent la guerre à la fois. Il les brave, il les bat, il les force à demander la paix, et une armée russe, forte de 100,000 hommes, est massacrée, dispersée, humiliée par 9,000 Suédois commandés par le héros. Il est pénible de voir l'astre de ce grand roi pâlir tout à coup et disparaître même de l'horizon, après avoir jeté le plus vif éclat. Au milieu de ses trophées, Charles est frappé par l'infortune. Dans l'ivresse de ses succès, il rejette avec mépris les propositions pacifiques de Pierre-le-Grand, et il s'avance trop dans le cœur de la Russie. Enveloppé par son rival, il finit par être victime de sa hardiesse.

⊶⊷

19e SIÈCLE APRÈS JÉSUS-CHRIST.

NAPOLÉON.

Le Danois souffre la violence la plus ouverte de la part de l'empire britannique, pour lui avoir refusé son alliance contre Napoléon. Sans aucune déclaration de guerre, il voit sa capitale bombardée, et est forcé en même temps de livrer toute sa flotte militaire.

POLONAIS.

La carrière de ce peuple n'est ni longue ni brillante. Entouré de voisins puissants, les élans de son génie guerrier sont comprimés de tous côtés. Il jette pourtant de l'éclat deux fois, mais on le fait disparaître de la liste des nations.

6ᵉ siècle après Jésus-Christ.

LECHUS.

ENFANCE.

Une troupe de Sarmates, conduits par leur chef Lechus, s'établit dans la Pologne. On voit, à cette première époque, la construction de quelques forts sur les bords de la Vistule, et, un peu plus tard, la ville de Cracovie (aujourd'hui république) élevée par Cracus, duc de la Pologne.

9ᵉ siècle après Jésus-Christ.

PIAST et son fils ZEMOWITZ,

DUCS.

PREMIER DEGRÉ D'ÉLÉVATION.

La malheureuse Pologne gémit depuis douze ans sous le terrible fléau de l'anarchie. Elle respire sous Piast, qui porte sur le trône de grandes vertus, et ramène les esprits à l'ordre et à l'unité. Son fils améliore l'état de l'armée en y introduisant la discipline et la science militaire.

BOLESLAS,

PREMIER ROI.

DEUXIÈME DEGRÉ D'ÉLÉVATION.

La Pologne est érigée en royaume : elle commence à acquérir un certain degré d'importance ; son territoire est agrandi par la réunion de la Bohème et de la Moravie, et la gloire de ses armes s'annonce déjà par des victoires remportées sur les Russes et sur les Prussiens.

14e ET 15e SIÈCLE APRÈS JÉSUS-CHRIST.

LADISLAS.

TROISIÈME DEGRÉ D'ÉLÉVATION.

Le royaume fait encore un pas vers son élévation. La couronne de Hongrie est réunie à celle de la Pologne. Celle-ci acquiert en même temps la Prusse occidentale, en vertu d'un traité avec les chevaliers teutoniques, à qui elle cède la Prusse orientale comme un fief de la couronne polonaise. Les armées polonaises continuent à briller, et elles remportent une victoire éclatante sur les Turcs.

SIGISMOND Iᴱᴿ.

APOGÉE ET DÉCADENCE.

Les Polonais jouissent de la vraie prospérité nationale. C'est un sage qui est sur le trône, un prince sans ambition, qui refuse des couronnes et ne s'occupe que du bonheur de ses sujets. Au-dedans, l'organisation du gouvernement est conçue d'une manière admirable : les sciences et les arts sont encouragés, les mœurs adoucies, les places de guerre fortifiées, les villes principales embellies. Au-dehors, une série de victoires remportées sur les Russes, sur les Valaques, sur les Prussiens et sur les chevaliers teutoniques, attire sur les Polonais les respects de toute l'Europe. Mais les beaux jours de la nation polonaise finissent avec Sigismond. Ce grand roi, qui honore le trône jusqu'à l'âge de quatre-vingts ans, éprouve lui-même la première douleur de voir une partie de ses états réunie, par un mariage, à la maison d'Autriche. Un peu plus tard, à la mort de son fils sans héritiers, le gouvernement devient électif, et cette réforme jette au milieu du peuple un germe de trouble et de révolutions continuelles, qui finissent par effacer de la carte le beau royaume de la Pologne.

CATHERINE II,   KOSCIUSKO,

IMPÉRATRICE DE RUSSIE.   GÉNÉRAL POLONAIS.

CHUTE DE LA POLOGNE.

Tandis que la Pologne s'agite au milieu de ses factions politiques, les hautes puissances qui l'avoisinent lui préparent la tombe pour l'y ensevelir. Sous prétexte de garantir la constitution polonaise, la Russie et la Prusse interviennent dans les débats de la nation, et, pour mettre un terme aux différends, avec un soin tout paternel elles se partagent le royaume avec l'Autriche. La Pologne cesse d'être considérée comme une nation. En vain les patriotes polonais, commandés par le brave Kosciusko, s'efforcent de venger un acte de violence aussi ouverte. L'Europe se tut, et le plus fort triompha.

1815—1831.

ALEXANDRE et NICOLAS,

EMPEREURS DE RUSSIE.

ANÉANTISSEMENT DE LA POLOGNE.

Les débris de l'antique monarchie polonaise, tombés en partage à la Russie, sont érigés en royaume avec le privilége d'un gouvernement représentatif. C'est à Alexandre que la Pologne doit cet avantage. Mais les Polonais veulent faire un dernier effort pour l'indépendance de leur patrie, et ils détruisent cet édifice. Leur révolution les immortalise dans l'histoire. Ils tiennent en échec, pendant un an, les forces de l'immense empire de Russie ; mais enfin ils succombent, Varsovie est prise, et les Russes, agissant avec la Pologne comme avec un pays conquis, la réunissent à leur territoire.

RUSSES.

ENFANCE.

Un mélange de Scythes, de Huns, de Cymbres, de Sarmates et d'autres peuples barbares occupe le berceau de la nation russe, de ce vaste et imposant empire, qui embrasse la moitié de l'Europe, et qui inspire des craintes à toutes les puissances voisines.

DU 9ᵉ AU 10ᵉ SIÈCLE APRÈS JÉSUS-CHRIST.

RURICK,

NORMAND.

FONDATION DE L'EMPIRE RUSSE.

PREMIER DEGRÉ D'ÉLÉVATION.

C'est à l'époque où les peuples scandinaves signalaient leur valeur par des conquêtes, que les côtes de la mer Baltique furent envahies par les Normands sortis du Jutland. Leur chef Rurick fut le premier grand prince de la Russie. Cette époque, ainsi que le siècle suivant, brille par les conquérants. Ils agrandissent leur territoire et ils portent leurs armes triomphantes jusque sous les murs de Constantinople, où ils font trembler les empereurs d'Orient sur leur trône.

IVAN IV.

DEUXIÈME DEGRÉ D'ÉLÉVATION.

Ce prince jette les fondements du puissant empire de Russie. Il affranchit la nation du joug des Tartares, et, par une politique adroite, il fait la conquête de la Sibérie. Homme à grandes vues, il porte ses regards sur les lois, sur le commerce, sur l'éducation, sur les troupes ; il ne vise qu'au progrès et il le hâte de tout son pouvoir.

○ ⟨⟨⟨⟨⟨⟨⟨ ○

18ᵉ SIÈCLE APRÈS JÉSUS-CHRIST.

PIERRE-LE-GRAND ET CATHERINE II.

GRAND PAS VERS L'APOGÉE.

Une ère nouvelle s'ouvre pour la Russie. Jusqu'à présent elle n'a joué qu'un rôle secondaire en Europe : maintenant elle va tout à coup sortir de son obscurité, s'agrandir et prendre un rang parmi les puissances. C'est à Pierre-le-Grand qu'elle doit d'abord cette gloire. Doué d'un génie et d'une activité extraordinaires, il met en œuvre tout ce que l'homme d'état et le guerrier peut trouver de ressources pour élever un peuple, et il en augmente l'influence politique par ses conquêtes, par la puissance militaire, par les flottes et par la forte impulsion qu'il donne au commerce, aux arts et aux lumières scientifiques. Menacé et battu par le vainqueur suédois Charles XII, il se relève de sa chute plus redoutable que jamais, et il triomphe de son rival. La mort enlève le héros au milieu de ses vastes plans, de ses grands projets de réformes ; mais sa marche brillante n'est seulement que suspendue. Un demi-siècle plus tard, une princesse d'un génie rare occupe le trône et achève l'édifice interrompu. C'est la célèbre Catherine II, l'héroïne de sa nation. Elle entre dans les vues de Pierre-le-Grand, elle en saisit tous les plans, et d'une main habile elle en dirige le mouvement. Ses armes, victorieuses en Asie, font trembler les Chinois, les Perses et les Turcs dont la capitale est menacée de près. En Europe, la nation russe acquiert une prépondérance dont elle n'avait jamais joui auparavant. La législation nationale reçoit un monument éternel écrit de la main même de cette reine, et qui fait l'admiration des philosophes. La Russie marche à grands pas vers un haut apogée.

1812.

NAPOLÉON et ALEXANDRE Iᴱᴿ.

OBSTACLES AUX PROGRÈS.

Une rupture entre la France et la Russie porte les armées françaises victorieuses dans le centre de l'empire russe. L'empereur du Nord a recours aux flammes pour enlever la conquête à son vainqueur. La nature vient aussi à son secours, et les guerriers ennemis tombent tout couverts de lauriers sous la main d'un ciel inexorable.

1828.

NICOLAS IER ET MAHMOUD II.

CONTINUATION DE PROGRÈS.

REPRENANT son vol arrêté, la Russie dirige ses forces contre la Porte-Ottomane. Huit cent mille hommes attaquent l'empire du Croissant. Les princes regardent en silence la lutte des deux Hercules, qui peut changer la face de l'Europe et de l'Asie. Dans le choc, les Turcs opposent la résistance la plus énergique et la plus opiniâtre. Les premiers avantages sont pourtant du côté des Russes. Mais la paix vient mettre une barrière au mouvement.

TURCS.

ENFANCE.

DU 7ᵉ AU 11ᵉ SIÈCLE APRÈS JÉSUS-CHRIST.

Un peuple barbare de l'Asie abandonne ses cabanes pour devenir conquérant. Ce sont les Tatars ou Tartares, qui émigrent du Turckestan et se jettent en hordes sur les territoires voisins de la Perse et de l'Arménie ; ils se battent avec une audace incroyable contre tous ceux qui leur résistent, et le succès de leurs armes s'annonce avec éclat depuis le commencement de leur carrière. Le onzième siècle les voit avec un nombre de conquêtes assez considérable, et cinq trônes sont déjà élevés dans l'Asie-Mineure par leur puissance.

AN 1300.

OSMAN ou OTTOMAN.

ÉLÉVATION.

Tenant d'une main l'étendard du Prophète, le sceptre de l'autre, ce chef hardi réduit tous les pays conquis sous ses lois ; il prend le titre de sultan et fonde la dynastie des Turcs, appelés de son nom Osmanlis ou Ottomans. Les conquérants acquièrent cette force qui vient de l'unité, et se rendent de plus en plus redoutables.

15ᵉ SIÈCLE APRÈS JÉSUS-CHRIST.

MAHOMET II,

OU L'ALEXANDRE MAHOMÉTAN.

ÉLÉVATION EXTRAORDINAIRE.

NOTRE hémisphère est frappé d'étonnement, et les peuples tremblent à l'approche des armes asiatiques. Les conquêtes se multiplient sous chaque règne depuis la fondation de la dynastie ottomane. L'état s'agrandit du côté de l'Europe et de l'Asie, et l'empereur Mahomet II, qui porte ses armes victorieuses sur Constantinople et sur Trébizonde, marque l'époque de son passage par les traits de la gloire la plus éclatante. Il renverse deux empires, prend douze royaumes, enlève près de deux cents villes aux chrétiens, et menace l'univers entier.

16ᵉ SIÈCLE APRÈS JÉSUS-CHRIST.

SOLIMAN II.

HAUT APOGÉE.

L'EMPIRE turc est au plus haut degré de son élévation. Son étendue est immense. De Constantinople, qui en est le centre, il s'étend au loin en Europe, en Asie et en Afrique. Des troupes innombrables, animées par le fanatisme de la religion et de la gloire, volent aux ordres d'un sultan absolu, et sont la terreur de tout le globe connu. L'imprenable Rhodes tombe devant les armes de Soliman. L'empereur d'Autriche tremble dans sa capitale assiégée, et François Iᵉʳ cherche, dans ces armées asiatiques, un appui à son indépendance menacée.

MORT DE MAHOMET II, SÉLIM Iᵉʳ.

PREMIÈRE DÉCADENCE.

Non loin de l'endroit où les deux triumvirs romains se disputèrent jadis l'empire du monde, deux religions se trouvent maintenant en présence, et viennent aussi combattre dans le même but. Singulière combinaison ! L'Italie et l'Espagne ont armé contre les Turcs une flotte de près de trois cents voiles, et les deux peuples sont aux prises avec un acharnement sans exemple. Un grand capitaine commande les chrétiens : c'est don Juan d'Autriche, fils naturel de Charles V. Digne héritier des talents militaires de son illustre père, il remporte la victoire la plus éclatante. Les Turcs ne peuvent plus tenir au choc et se livrent à la fuite. Dix mille de leurs compagnons sont au pouvoir du vainqueur ; vingt-cinq mille ont été tués. Leur flotte a subi le même sort : elle a été en partie prise par l'ennemi, en partie brûlée ou coulée à fond. L'astre de la grandeur ottomane descend rapidement. Cette bataille, dont le souvenir est européen, est le premier symptôme de la chute des musulmans. Ils perdent toute leur puissance continentale, et avec elle leur prépondérance maritime.

MAHOMET IV,

DÉPOSÉ ET ÉTRANGLÉ.

DEUXIÈME ÉPOQUE DE DÉCADENCE.

L'empire du Croissant s'affaiblit de jour en jour. La mollesse et la stupidité de ses chefs en sont la cause. Un lien fédératif unit l'Autriche, l'Italie, la Pologne et la Russie, et porte aux disciples du Prophète les coups les plus terribles. Dans cette lutte, si funeste pour ces derniers, la nation dépose et étrangle un de ses sultans, et elle est ensuite forcée de signer des traités de paix par lesquels elle sacrifie à la fois et l'honneur national et une grande partie de ses états.

19e SIÈCLE APRÈS JÉSUS-CHRIST.

MAHMOUD II.

TROISIÈME ÉPOQUE DE DÉCADENCE.

DEPUIS un demi-siècle l'empire musulman semble marcher vers sa dissolution, et il aurait peut-être disparu de la carte, si de hauts motifs européens ne se fussent opposés à sa chute. Dans son déclin, cette monarchie présente, mais dans la raison inverse, la même marche que dans son élévation. Les malheurs l'accablent de tous côtés, et ses pertes se multiplient. Une partie de ses états réclame l'indépendance et échappe à sa domination : c'est la Grèce et l'Égypte. Sa flotte, forte de plus de cent voiles, essuie à Navarin un choc que les siècles à venir peuvent à peine réparer. La Perse et la Russie lui enlèvent tour à tour des possessions. Dans l'intérieur, l'état est agité par des commotions continuelles, et il n'a ni force ni unité. Telle est la situation d'une puissance naguère si florissante par terre et par mer, et dont les armes victorieuses étaient la terreur des deux hémisphères.

PRUSSIENS.

ORIGINE. ÉPOQUE INCONNUE.

Une colonie de Scythes, connue sous le nom de *Pruczi*, peuple le berceau des Prussiens.

◦⸗⋙⋘⸗◡

DU 12ᵉ AU 16ᵉ SIÈCLE APRÈS JÉSUS-CHRIST.

ENFANCE.

Objet continuél des déprédations de leurs voisins, on les voit d'abord résister aux Polonais, ensuite soumis en partie aux Danois ; plus tard, succomber sous les armes des chevaliers teutoniques ; deux siècles après, partagés entre ceux-ci et les rois de Pologne, qui s'emparent de la Prusse occidentale, et laissent aux premiers la partie orientale comme un fief dépendant de la couronne polonaise. Tel est, en peu de mots, le tableau de l'histoire primitive du peuple prussien.

◡⸗⋘⋙⸗◦

16ᵉ SIÈCLE APRÈS JÉSUS-CHRIST.

ALBERT DE BRANDEBOURG.

PREMIÈR DEGRÉ D'ÉLÉVATION.

La Prusse orientale cesse d'être un fief soumis à l'ordre teutonique. Le roi de Pologne, Sigismond Iᵉʳ, la déclare duché, et Albert de Brandebourg, grand-maître de l'ordre, en est reconnu duc héréditaire. Les chevaliers perdent toute autorité, et le pouvoir acquiert l'unité qui lui manquait.

⚬~⚬

17ᵉ ET 18ᵉ SIÈCLE APRÈS JÉSUS-CHRIST.

GUILLAUME Iᵉʳ ET FRÉDÉRIC Iᵉʳ, SON FILS.

DEUXIÈME DEGRÉ D'ÉLÉVATION.

GUILLAUME profite des troubles qui agitent la Pologne, s'affranchit de l'hommage qu'il doit à la couronne polonaise, et devient souverain indépendant. Son fils porte ses vues plus loin, et de sa propre autorité se fait couronner roi. A la paix d'Utrecht, l'Europe le reconnaît (1712).

⚬~⚬

18ᵉ SIÈCLE APRÈS JÉSUS-CHRIST.

FRÉDÉRIC-GUILLAUME Iᵉʳ, FRÉDÉRIC II, SON FILS.

APOGÉE.

L'ÉPOQUE brillante approche ; Guillaume la prépare, son fils la réalise. La carrière des armes est la plus puissante ressource de l'état. Le père du héros le sent, et il ne s'occupe qu'à donner à ses sujets une éducation toute militaire. Le grand Frédéric monte sur le trône. Personne ne peut mieux que lui diriger la tendance que Guillaume a donnée à la Prusse. A peine élevé au pouvoir, le jeune roi ne vise qu'à placer son peuple au niveau des hautes puissances. Il trouve dans son génie toutes les ressources pour atteindre un but aussi sublime. Secondé par des troupes dignes de lui, il fait de la force un droit, et, sur des titres mal fondés, il entre en Allemagne à main armée ; il remporte la première victoire et s'empare de la Silésie ; bientôt la Moravie et une partie de la Bohême et de la Frise tombent sous ses armes. Son vol audacieux attire les regards des puissances, et une coalition formidable s'organise contre lui. Son courage n'est pourtant pas ébranlé ; malgré quelques défaites, il résiste, il lutte, il effraie ses ennemis par ses triomphes, et il couronne ses exploits par la paix glorieuse d'Hubertsbourg, où il n'abandonne rien de ses conquêtes.

19ᵉ SIÈCLE APRÈS JÉSUS-CHRIST (1806).

NAPOLÉON.

CHUTE ET RESTAURATION DE LA PRUSSE.

Tout cède devant l'aigle française. Le nouveau drapeau impérial d'Occident flotte sur les villes principales d'Europe. L'Autriche est effrayée. L'empire d'Allemagne n'existe plus, et la Prusse, sans aucun rempart, est seule contre un torrent qui déborde. Elle perd successivement plusieurs batailles ; elle voit Napoléon triomphant entrer à Berlin, et elle signe à Tilsitt une paix où elle cède à la France une partie de ses états. A son tour, au bout de dix ans, elle fait son entrée triomphante à Paris, après avoir porté le dernier coup à l'armée française dans la fameuse bataille de Waterloo. Malgré tant de secousses, elle tient un rang distingué en Europe par sa puissance militaire, qui, en raison de sa population, surpasse celle de toutes les autres nations du continent.

FIN.

— BESANÇON, IMPRIMERIE DE CH. DEIS. —

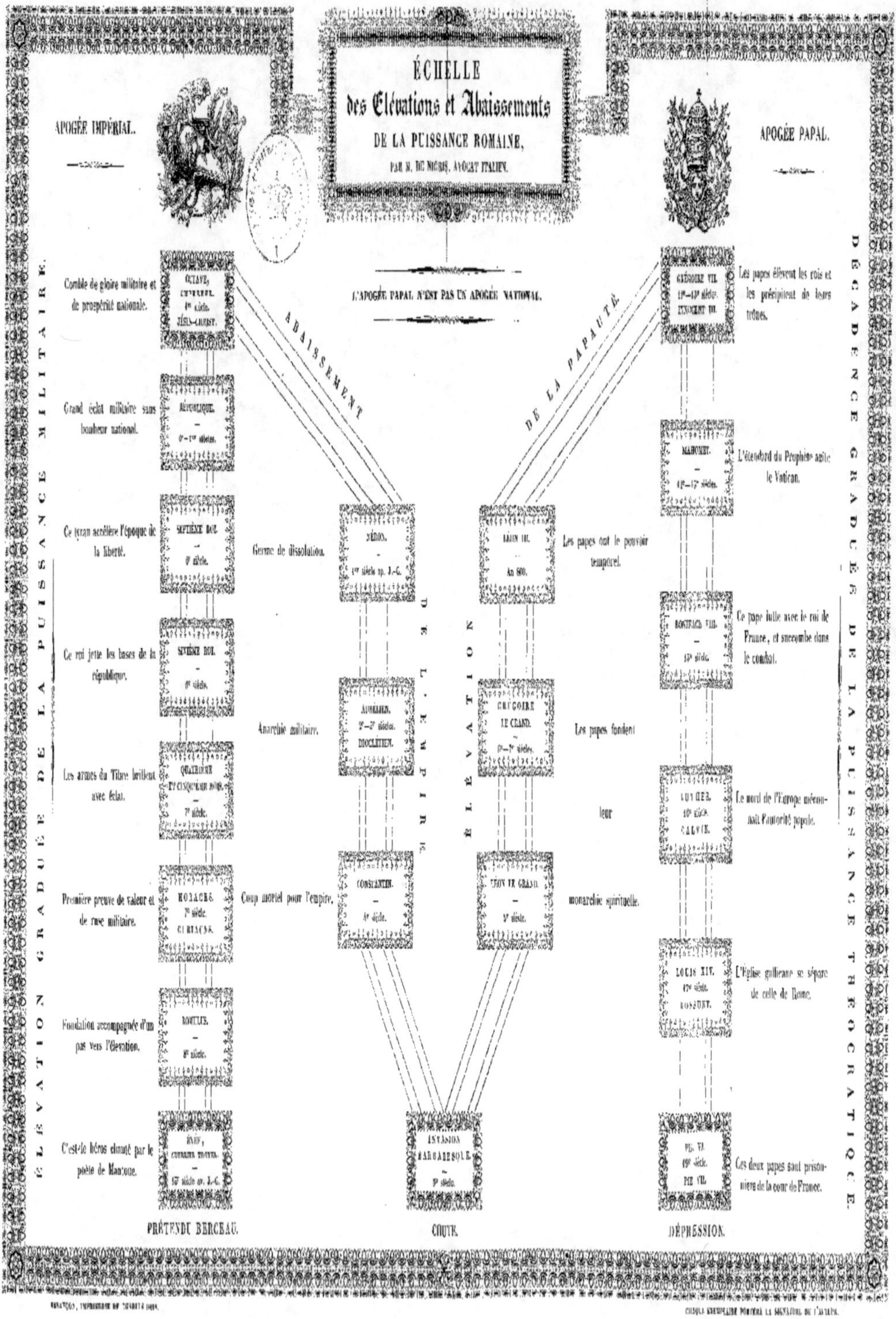

APOGÉE IMPÉRIAL.

ÉCHELLE
des Élévations et Abaissements
DE LA PUISSANCE ROMAINE,
PAR M. DE NIGRIS, AVOCAT ITALIEN.

APOGÉE PAPAL.

L'APOGÉE PAPAL N'EST PAS UN APOGÉE NATIONAL.

ÉLÉVATION GRADUÉE DE LA PUISSANCE MILITAIRE.

DÉCADENCE GRADUÉE DE LA PUISSANCE THÉOCRATIQUE.

ABAISSEMENT DE L'EMPIRE

ÉLÉVATION DE LA PAPAUTÉ

Colonne de gauche (de haut en bas) :

- Comble de gloire militaire et de prospérité nationale. — OCTAVE, AUGUSTE, 1er siècle JÉSUS-CHRIST.
- Grand éclat militaire sans bonheur national. — RÉPUBLIQUE. (2e–1er siècles.)
- Ce tyran accélère l'époque de la liberté. — SEPTIÈME ROI. 6e siècle.
- Ce roi jette les bases de la république. — SIXIÈME ROI. 6e siècle.
- Les armes du Tibre brillent avec éclat. — QUATRIÈME ET CINQUIÈME ROI. 7e siècle.
- Première preuve de valeur et de ruse militaire. — HORACES. 7e siècle. CURIACES.
- Fondation accompagnée d'un pas vers l'élévation. — ROMULUS. 8e siècle.
- C'est le héros chanté par le poète de Mantoue. — ÉNÉE, CONQUÊTE TROYENNE. 13e siècle av. J.-C.

PRÉTENDU BERCEAU.

Colonne centrale (de haut en bas) :

- Germe de dissolution. — NÉRON. 1er siècle ap. J.-C.
- Anarchie militaire. — AURÉLIEN, 2e–3e siècles. DIOCLÉTIEN.
- Coup mortel pour l'empire. — CONSTANTIN. 4e siècle.
- INVASION SARRASINESQUE. 9e siècle.

CHUTE.

Colonne centrale-droite (de haut en bas) :

- LÉON III. An 800. — Les papes ont le pouvoir temporel.
- GRÉGOIRE LE GRAND. 6e–7e siècles. — Les papes fondent leur
- LÉON LE GRAND. 5e siècle. — monarchie spirituelle.

Colonne de droite (de haut en bas) :

- GRÉGOIRE VII 11e–13e siècle. INNOCENT III. — Les papes élèvent les rois et les précipitent de leurs trônes.
- MAHOMET. 16e–17e siècles. — L'étendard du Prophète agite le Vatican.
- BONIFACE VIII. 13e siècle. — Ce pape lutte avec le roi de France, et succombe dans le combat.
- LUTHER. 16e siècle. CALVIN. — Le nord de l'Europe méconnaît l'autorité papale.
- LOUIS XIV. 17e siècle. BOSSUET. — L'Église gallicane se sépare de celle de Rome.
- PIE VI. 19e siècle. PIE VII. — Ces deux papes sont prisonniers de la cour de France.

DÉPRESSION.

J. B. de Nigris

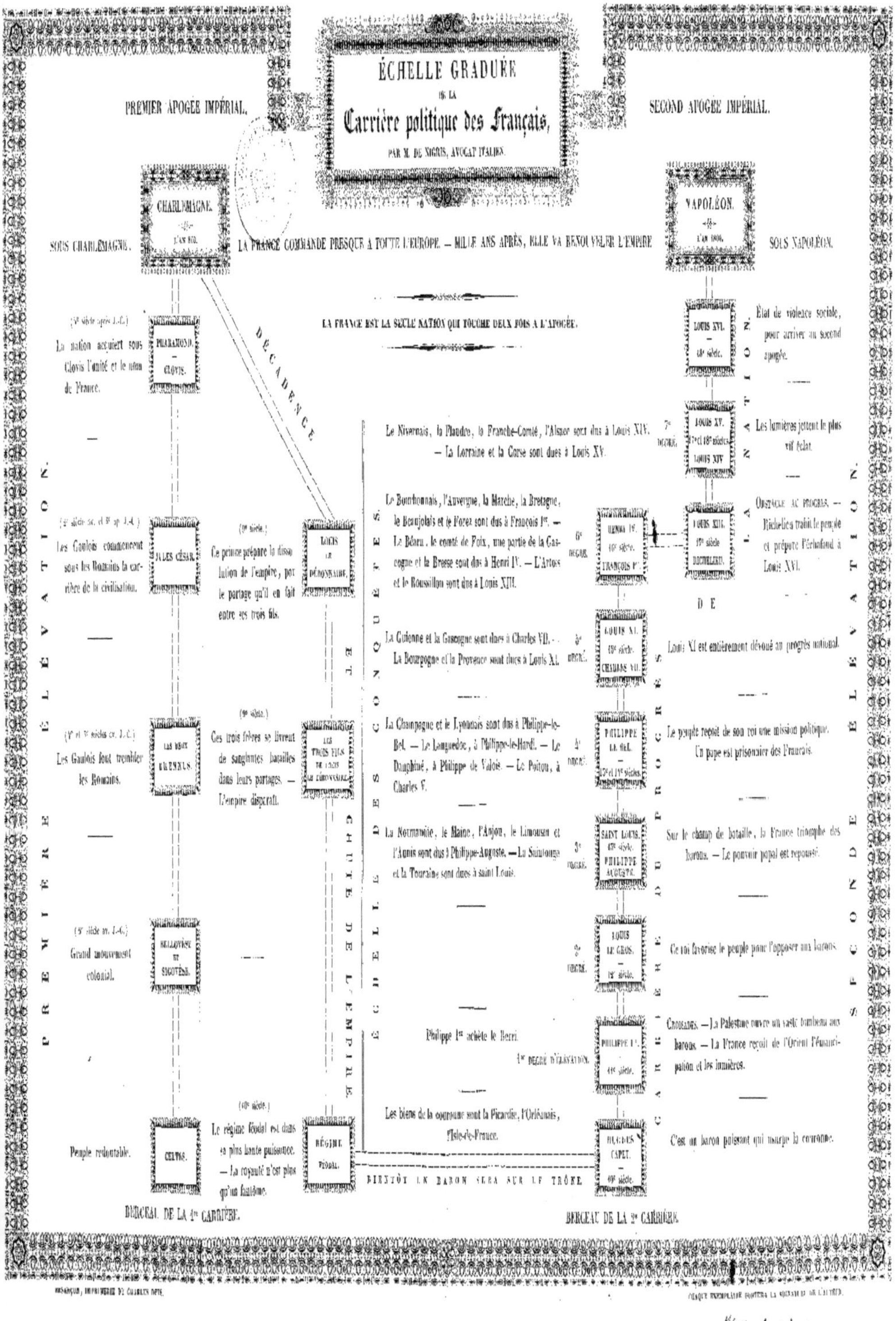

ÉCHELLE GRADUÉE DE LA Carrière politique des Français,

PAR M. DE NIGRIS, AVOCAT ITALIEN.

PREMIER APOGÉE IMPÉRIAL.　　　　　SECOND APOGÉE IMPÉRIAL.

CHARLEMAGNE. — L'AN 800.　　　　　**NAPOLÉON. — L'AN 1806.**

SOUS CHARLEMAGNE. — LA FRANCE COMMANDE PRESQUE À TOUTE L'EUROPE. — MILLE ANS APRÈS, ELLE VA RENOUVELER L'EMPIRE — SOUS NAPOLÉON.

LA FRANCE EST LA SEULE NATION QUI TOUCHE DEUX FOIS À L'APOGÉE.

PREMIÈRE ÉLÉVATION — DÉCADENCE — CONQUÊTES ET CHUTE DE L'EMPIRE — ÉCHELLE DE L'EMPIRE — PROGRÈS DE LA SECONDE ÉLÉVATION DE LA NATION — LA NATION.

Première carrière (élévation)

(V° siècle après J.-C.) La nation acquiert sous Clovis l'unité et le nom de France. — [PHARAMOND — CLOVIS.]

(1er siècle av. et 1er ap. J.-C.) Les Gaulois commencent sous les Romains la carrière de la civilisation. — [JULES CÉSAR.]

(IV° et V° siècles av. J.-C.) Les Gaulois font trembler les Romains. — [LES DEUX BRENNUS.]

(V° siècle av. J.-C.) Grand mouvement colonial. — [BELLOVÈSE ET SIGOVÈSE.]

Peuple redoutable. — [CELTES.]

BERCEAU DE LA 1re CARRIÈRE.

Décadence

(9° siècle.) Ce prince prépare la dissolution de l'empire, par le partage qu'il en fait entre ses trois fils. — [LOUIS LE DÉBONNAIRE.]

(9° siècle.) Ces trois frères se livrent de sanglantes batailles dans leurs partages. — L'empire disparaît. — [LES TROIS FILS DE LOUIS LE DÉBONNAIRE.]

(10° siècle.) Le régime féodal est dans sa plus haute puissance. — La royauté n'est plus qu'un fantôme. — [RÉGIME FÉODAL.]

Conquêtes (reconstitution du territoire)

Le Nivernais, la Flandre, la Franche-Comté, l'Alsace sont dus à Louis XIV. — La Lorraine et la Corse sont dues à Louis XV. — 7° DEGRÉ.

Le Bourbonnais, l'Auvergne, la Marche, la Bretagne, le Beaujolais et le Forez sont dus à François Ier. — Le Béarn, le comté de Foix, une partie de la Gascogne et la Bresse sont dus à Henri IV. — L'Artois et le Roussillon sont dus à Louis XIII. — 6° DEGRÉ.

La Guienne et la Gascogne sont dues à Charles VII. — La Bourgogne et la Provence sont dues à Louis XI. — 5° DEGRÉ.

La Champagne et le Lyonnais sont dus à Philippe-le-Bel. — Le Languedoc, à Philippe-le-Hardi. — Le Dauphiné, à Philippe de Valois. — Le Poitou, à Charles V. — 4° DEGRÉ.

La Normandie, le Maine, l'Anjou, le Limousin et l'Aunis sont dus à Philippe-Auguste. — La Saintonge et la Touraine sont dues à saint Louis. — 3° DEGRÉ.

2° DEGRÉ.

Philippe Ier achète le Berri. — 1er DEGRÉ D'ÉLÉVATION.

Les biens de la couronne sont la Picardie, l'Orléanais, l'Isle-de-France.

BIENTÔT UN BARON SERA SUR LE TRÔNE.

Seconde carrière — Progrès de la nation

[LOUIS XVI. — 18° siècle.] État de violence sociale, pour arriver au second apogée.

[LOUIS XV. — 17° et 18° siècles. — LOUIS XIV.] Les lumières jettent le plus vif éclat.

[LOUIS XIII. — 17° siècle. — RICHELIEU.] OBSTACLE AU PROGRÈS. — Richelieu trahit le peuple et prépare l'échafaud à Louis XVI.

[HENRI IV. — 16° siècle. — FRANÇOIS Ier.]

[LOUIS XI. — 15° siècle. — CHARLES VII.] Louis XI est entièrement dévoué au progrès national.

[PHILIPPE LE BEL. — 13° et 14° siècles.] Le peuple reçoit de son roi une mission politique. Un pape est prisonnier des Français.

[SAINT LOUIS. — 13° siècle. — PHILIPPE-AUGUSTE.] Sur le champ de bataille, la France triomphe des barons. — Le pouvoir papal est repoussé.

[LOUIS LE GROS. — 12° siècle.] Ce roi favorise le peuple pour l'opposer aux barons.

[PHILIPPE Ier. — 11° siècle.] CROISADES. — La Palestine ouvre un vaste tombeau aux barons — La France reçoit de l'Orient l'émancipation et les lumières.

[HUGUES CAPET. — 10° siècle.] C'est un baron puissant qui usurpe la couronne.

BERCEAU DE LA 2e CARRIÈRE.

J. B. de Nigris (signature)